ALL ABOUT —— 푸르다

ALL ABOUT 푸르다

인　　쇄	2024년 2월 13일
발　　행	2024년 2월 26일
지 은 이	박상우, 강주환
디 자 인	㈜푸르다
기획·진행	박상우, 이하빈
펴 낸 곳	북키스
펴 낸 이	윤진섭
주　　소	서울시 구로구 디지털로 33길 55
이 메 일	bookiiss@naver.com
정　　가	22,000원
I S B N	979-11-981602-2-5

copyright ⓒ 2022 by 북키스, All rights reserved.

※낙장이나 파본은 구매처에서 교환해 드립니다.
※이 책의 무단 전제 또는 복제행위는 저작권법 제136조에 의거하여 처벌을 받게 됩니다.

ALL ABOUT
푸르다

식물 가게에 대해 모든 것이
궁금한 이를 위한 창업 가이드북

박상우, 강주환 지음

prologue

홈페이지 purdaplant.com
유튜브 푸르다purda
인스타그램 @purda_purda

2020년, 식물 예술가와 광고 전문가가 만나 식물 브랜드 '푸르다'를 시작했습니다. 푸르다를 운영한 지 어느덧 4년가량 흘렀지만, 식물과 함께 일하는 것이 여전히 쉽지만은 않습니다. 그래도 돌이켜보면 빠르게 변하는 트렌드 속에서 늘 새로운 도전을 했고, 함께하는 팀원 모두가 식물을 좋아하는 마음을 유지해 왔다고 자부합니다.

이 책은 가드닝 비즈니스를 꿈꾸는 이들을 위해 '푸르다'라는 브랜드가 걸어온 길을 정리한 기록물입니다. 저희는 '푸르다는 건강하고 감각적인 식물을 만듭니다'라는 슬로건을 내걸고, 이를 실현하기 위해 약 4년간 단 하루의 휴일도 없이 오프라인 매장을 개방했습니다. 매년 다양한 시도와 투자를 거듭했고, 많은 시행착오를 겪기도 했지만 값진 경험을 쌓아왔습니다. 그동안 푸르다는 섬세한 식물 관리, 전문 가드너의 식물 디자인과 교육, 디자인 화분 제작과 수입, 공간 연출 등 다양한 업무를 하면서 컨설팅도 진행했습니다.

가드닝 비즈니스는 창업에 많은 자본이 필요하지 않고 특별한 자격증이 요구되는 것도 아니어서 진입 장벽이 낮은 것이 사실입니다. 하지만 생명체인 식물을 단순한 사업 아이템으로 접근하면 실패할 위험이 큽니다. 아울러 현재 업계는 수요 대비 공급이 많아 경쟁도 치열합니다. 식물의 생육 방식을 제대로 알고, 차별화 전략과 실력을 갖춰야만 성과를 거둘 수 있습니다.

고심 끝에 가드닝 비즈니스를 시작하고자 한다면 먼저 이 책을 통해 현황을 파악하고 지식을 쌓길 바랍니다. 이 책에는 푸르다가 고심해서 다룬 다양한 식물 정보를 담았습니다. 식물과 어울리는 화분을 찾는 방법, 20년간 축적한 분재 기술로 새로운 가치를 창출하는 법도 수록했습니다. 사업을 하는 과정에서 알아야 할 브랜딩과 마케팅 관련 내용도 빠짐없이 기록했습니다. 가드닝 비즈니스로 새로운 출발을 하려는 분들께 이 책이 봄날의 새싹과 같은 희망을 선사하면 좋겠습니다.

2023. 겨울
박상우, 강주환 드림

contents

Part 1. 푸르다는 이렇게 탄생하게 되었습니다

017 예술가와 광고 전문가의 동행
- 서로의 색깔을 살리다
- 인생의 파트너가 되어
- 그렇게 푸르다가 탄생하다

023 왜 푸르다인가?
- 세상에 하나뿐인 특별함을 갖추다
- 이들이 있기에 푸르다가 존재한다

Part 2. 대중이 원하지만 남들과는 다른 것

053 대중이 원하는 것
- PLANT + INTERIOR
- 봄 여름 가을 겨울
- 반려동물과 반려식물
- 삼한사 미세먼지 + 탄소중립

171 남들과는 다른 것
- 전국팔도 강원부터 제주까지
- 국경선을 넘어 해외 물색

Part 3. 푸르다가 선정한 식물과 화분

189 푸르다의 식물
- 희귀식물
- 호주, 뉴질랜드 식물
- 분재와 야생화

223 푸르다의 화분
- 이상과 현실은 다르다
- 수백 번의 시행착오
- 투머치 장인정신

Part 4. 식물전문가가 직접 만든 푸르다의 작품

263 전문가의 손이 닿은 특별한 작품들을 소개합니다

- 아스파라거스 석부작, 황칠나무, 명자나무
- 향나무 석부작

Part 5. 식물 마케팅은 이렇게

283 브랜딩

287 온라인 마케팅

- 가드닝샵 필수 채널, SNS
- 스토리텔링 마케팅의 효과적인 도구, 블로그
- 생동감 있는 전달력, 유튜브
- TV 매체 속 푸르다, 방송의 힘!
- 브랜드 공식 채널, 홈페이지
- 최고의 편의성, 스마트스토어

303 오프라인 마케팅

- 푸르다 - 식물 전시회
- 고양국제꽃박람회 - 일산호수공원 가을 꽃 축제
- 서울디자인위크+DDP디자인페어 - SEOUL DESIGN 2022
- 한국분재협회 - 분재쇼
- 와디즈 - 희귀식물 재테크 클래스

Part 6. 푸르다의 내일

- 325 플랜테리어
- 329 프리미엄 식물 연출
- 335 푸르다 랜드
- 339 다신 없을 오늘, 아닌 내일

Part 1.
푸르다는 이렇게 탄생하게 되었습니다

예술가와
광고 전문가의 동행

서로의 색깔을 살리다

시간이 오래 지나도 다시 보고 싶은 작품으로 손꼽히는 영화나 드라마는 각본만 훌륭하거나 배우만 훌륭해서는 절대로 명작이 될 수 없다. 각본, 연출, 배우 등 모든 필수요소들이 뛰어나야 하고, 그들의 합 또한 잘 맞아야 한다. 이렇게 말로 하면 쉬워 보이지만, 절대 쉬운 일은 아니다. 그렇기에 명작은 그만큼의 가치가 있고 랭킹을 매길 만큼의 희소성이 있다.

같은 맥락으로, '푸르다'라는 식물 브랜드도 식물시장에서의 명작이라고 표현하고 싶다. '푸르다'가 탄생하여 프리미엄 브랜드로 발돋움하기까지 필자의 마케팅 능력만 가지고는 불가능했을 것이다. 이에 강주환 대표가 가지고 있는 식물에 대한 전문성 또한 필수적인 요소이다. 식물에 대한 전문적인 지식에 다양한 방면의 성공적인 마케팅이 조화롭게 더해져 '푸르다'가 식물 브랜드 중 단연 최고로 손꼽힐 수 있다고 자부한다.

인생의 파트너가 되어

강주환 대표의 경우, 식물 사업을 몇 차례 했던 경험이 있었다. 매번 사정에 의해 정리를 하게 되었으나 마음 한 켠에는 항상 식물 시장에 대한 미련이 남아 있었다고 했다. 강 대표와 이야기를 나누어 보고 깊이 고민해본 결과, 식물 사업을 늘 분재원으로, 즉 오프라인 매장으로만 운영하다 보니 요즘 시대에 맞지 않을 수도 있다는 생각이 들었다. 직접 전통시장에 가지 않고도 스마트폰 터치 몇 번으로 집에서 원하는 물건을 바로 익일, 빠르게는 당일까지도 받아보는 온라인 특화 시대에 맞출 필요가 있었다.

필자의 경우, 광고 회사를 운영하면서 구글, 네이버, 페이스북 등 디지털 매체를 활용한 온라인 마케팅에 비중을 크게 두고 활동하고 있었다. 그러면서 마케팅을 다양한 사업들에 접목해보다가 식물 광고에 관심을 가지게 되었는데, 그 때 강주환 대표가 식물 시장에 대한 전반적인 내용들을 나에게 알려주었고 '푸르다마켓'이라는 플랫폼으로 식물 시장에 대한 첫 발을 내딛게 되었다.

앞으로 상세히 설명할 내용들이지만, '푸르다'를 성공적으로 런칭하고 점차 성장하는 기업으로 발전시킬 수 있었던 것은 필자와 강 대표 각각의 특별함과 그 하모니에 있지 않을까 하는 생각이 든다. 강 대표의 전문적인 식견과 철학에 필자의 아이디어와 마케팅이 더해져 일반적인 분재원이 아닌 하나의 플랜테리어 샵으로 재탄생할 수 있었다. 이렇게 표현할 수 있는 이유는 분재와 관엽이 같이 있는 식물샵은 아직 '푸르다' 이외에는 없고, 이에 토분까지 더해진 샵은 국내에서 더더욱 찾아볼 수 없기 때문이다. 필자와 강 대표가 각각의 전문성을 살려 인생의 한 획을 함께 긋고, 같은 방향으로 걸어갈 파트너가 되었기 때문에 가능한 일이라고 표현하고 싶다.

그렇게 푸르다가 탄생하다

처음에는 온라인으로 식물을 판매하였다. 하지만 식물을 들여놓게 되면 판매하기까지 걸리는 시간을 예측하기가 힘들었다. 무엇보다 식물 상태를 건강하게 유지하기가 가장 어려웠다. 작은 하우스를 지어 관리하기도 했지만, 식물도 사람처럼 살아가는 환경이 다르다 보니 작은 공간만으로는 모든 식물을 관리할 수 없었다. 또 원하는 디자인의 화분을 찾고, 재고를 안정적으로 확보하는 것도 쉬운 일이 아니었다. 잘 판매하던 화분의 생산이 중단되거나 더 이상 수입이 되지 않아 예기치 않게 판매할 수 없게 되는 일이 잦았다. 그래서 각각의 식물이 잘 자랄 수 있는 넓은 하우스를 짓고, 더불어 화분까지 직접 제작한다면 더할 나위 없이 좋겠다는 생각이 들었다. 고심 끝에 건강한 식물과 플랜테리어를 소개할 수 있는 '푸르다'를 열게 되었다. 화훼단지의 대형 화원들은 대부분 대를 이어가며 일을 하기 때문에 기존의 관념이나 형식을 깰 필요성이 있다고 생각했다. 그래서 전문 가드너, 공예 디자이너, 도예 장인과 협업하는 길을 택하게 되었다. 재래 화원이나 평범한 자영업이 아니라 식물을 처음부터 끝까지 책임지는 브랜드로 자리매김하고 싶었다.

'푸르다'를 기획하면서 가장 중요하게 생각한 것은 식물의 건강과 플랜테리어였다. 그런데 플랜테리어를 위한 식물 디자인은 식물에게 좋지 않은 영향을 줄 수 있고, 반대로 식물 건강만 생각한다면 기존의 화원 이미지를 탈피할 수 없을 것 같았다. 그래서 내린 결론이, 모든 플랜테리어 제품과 매장 공간을 기계에 의존하지 않고 직접 내 손으로 꾸미자는 것이었다. 오랫동안 가드너가 만지고 가꾼 식물처럼 손으로 물레 성형한 토분, 나뭇결이 살아 있는 원목 가구로 매장을 꾸몄다. 전문성 있는 식물 공간이 주는 안정감 때문인지 많은 손님들이 방문하기 시작했다.

왜 푸르다인가?

세상에 하나뿐인 특별함을 갖추다

식물의 건강과 인테리어를 모두 고려한
하우스형 플랜테리어 매장

푸르다 매장 식물동 내부

푸르다 매장 식물동 외관

햇살과 바람이 잘 들지 않는 일반 상가가 아닌 식물이 자라기 쉬운 하우스형 매장을 선택했다.

매장을 열기 전 여러 화원들을 방문하여 시장조사를 다녔다. '푸르다'처럼 하우스 형태로 운영되는 곳도 있었고, 일반 상가에서 화려한 수형의 식물들을 선보이는 곳도 있었다. 두 가지를 비교하면, 하우스가 식물을 기르기에 월등히 좋은 환경이다. 잘 꾸민 상가 매장이 공간미가 더 좋더라도 식물의 상태가 좋지 못하면 소비자에게 만족을 주지 못한다. 하지만 하우스 매장이라고 할지라도 식물에 대한 이해가 부족하거나 가드너의 관리가 미흡하다면 식물은 곧바로 증상을 드러낸다. 그래서 우리는 살아있는 식물이 푸릇푸릇하게 생기 있는 상태를 유지하는 것이 가장 중요한 목표였다. 그래서 매장을 열 때 가장 고민이 되었던 건 식물군이었다.

식물의 종류가 많아질수록 세부적인 관리가 필요하기 때문에 우리가 가진 공간과 인력에 따라 관리가 용이한 정도의 식물 가짓수를 구성하고 식물 별 식생을 따져가며 철저한 계획하에 판매할 식물군을 선정했다. 그리고 이 식물들은 각각의 특성에 따라 적합한 장소에 배치해 생육환경을 맞추려고 노력했다. 햇빛이 잘 들어오는 위치에는 높은 광량을 요구하는 과실수나 꽃식물을 두고, 물주기를 적게 해야 하는 선인장과 다육식물은 따로 두어 관리했다.

따뜻한 온도와 높은 습도를 유지해야 하는 열대관엽식물의 경우 별도 마련된 온실에 자리잡았다. 또 식물의 건강뿐만 아니라 플랜테리어에 중점을 두어 감각적인 수형의 식물들을 선별하는 과정이 필요했다. 같은 나무라도 외목대를 선호하는 청짜보, 올리브나무, 늘어지는 수형이 인기가 좋은 초설, 싸리나무 등

이 있다. 이에 따라 나무 하나를 고를 때도 까다롭게 고른다. 매장 디스플레이는 일반적인 재래 화원의 모습과 차별화하기 위해 플랜테리어를 엿볼 수 있도록 쇼 룸에 목적을 두어 전시했다. '푸르다'는 실내 식물 위주로 취급하기 때문에 창고형 별관을 실내 플랜테리어 공간으로 꾸며 여백이 있는 공간에서 나무의 선을 집중적으로 볼 수 있게 하고 공간과의 조화로움을 한 눈에 볼 수 있도록 했다.

관엽+분재, 넓은 범위의 식물군 보유

최근에는 관엽과 분재의 벽이 허물어지면서 가드닝샵에서 관엽식물과 분재를 함께 다루기도 하지만 이는 극소수다. 일반적으로는 관엽이면 관엽, 분재이면 분재, 혹은 선인장만. 이렇게 한 가게에서 한 카테고리의 식물군을 취급하거나 종류가 다른 식물군은 일부 품목만 소량을 취급한다.

이러한 관리 측면 외에도 각각의 식물들을 구하는 것 자체가 힘들다. 화훼단지에 가면 여러 화원이 모여 있기는 하지만 필요한 모든 식물이 다 있는 것은 아니다. 농장을 직접 운영하는 화원도 있지만 그렇지 않은 경우가 대다수이기 때문에 상시 식물이 교체되기도 하며 수량도 한정적일 수 있다. 가격적인 측면에서도 화훼단지가 농장보다 조금 더 비싸다. 이러한 이유로 한 곳에서 좋은 나무를 구하기에는 분명 한계가 있다. 농장 마다 특화된 식물이 있기 때문에 전국 여러 지역에 분포된 전문 농장을 찾아야 한다. 하지만 농장 정보는 인터넷에 쉽게 노출되어 있지 않아 직접 찾아 다니는 것 밖에는 방법이 없다. '푸르다'는 20년간 분재원을 운영해온 경험으로 농장 정보에 빠삭한 편이다. 하지만 워낙 식물의 종류가 다양하고 숨은 농장이 많기에 지금도 좋은 나무를 공수하기 위한 농장 탐색을 게을리하지 않는다. 한 주도 빠짐없이 전국 방방곡곡을 누비며 부지런히 다닌 결과 원하는 식물을 손에 넣을 수 있었다.

전국 여러 지역에 분포되어 있는
특화된 전문 농장들을 가다.

그랜트의 감성 YouTube - 푸르다 분재 전문가가 알려주는 나무 키우는 법
해당 내용에 대한 자세한 영상은 QR코드를 통해 볼 수 있습니다.

식물과 화분을 직접 매치하는 나만의 화분 DIY

'푸르다'는 식물과 화분을 한 곳에서 모두 구입할 수 있는 멀티 샵이다. 일반적으로 화원에서는 식물만을 취급하고, 화분가게에서는 화분만을 취급하고 있어 식물과 화분을 따로 사야하는 번거로움이 있다. 그래서 우리는 이 번거로움을 없애고 제품의 종류를 다양하게 두어 개인의 취향에 딱 맞는 제품을 자유롭게 고를 수 있도록 직접 셀프 매치할 수 있는 플랜테리어 전문 매장을 만들고 싶었다. 식물의 완성도에 있어서 화분의 역할은 5할이다. 같은 식물이라도 화분에 따라 완전히 다른 느낌을 낼 수 있다. 특히 인테리어에 있어서 화분의 선택은 공간의 분위기를 좌우하기 때문에 매우 중요하다.

푸르다는 플랜테리어 디자인 브랜드로서 이 부분을 놓칠 수 없었다. 다양성과 희소성을 추구하는 시대에 걸맞게 소비자에게 여러가지 선택권을 주어 직접 고른 식물과 화분으로 개인 고유의 개성을 표출하는 것에 가치를 두고 있다. 이러한 이유로 여러 도예 작가의 화분과 다양한 해외 수입 화분을 모아 판매하는 편집 샵 형태를 갖추고 '푸르다'만의 브랜드 화분을 제작했다.

희소성 있는 해외 직수입 식물 & 화분 보유

코로나19 이후 반려 식물과 식물 인테리어 등 홈가드닝 시장이 성장세를 이어오고 있다. 계속해서 성장세가 가속화되면서 가드닝샵의 수도 함께 늘어 업계 경쟁구도는 한층 더 치열해진 상황이다. 브랜딩에 성공하려면 차별성이 있어야만 한다. 어디에나 다 있는 제품이 아닌 차별화된 아이템으로 시장을 선점하기 위해 해외 여러 지역에서 식물과 화분을 직수입했다. 식물은 생물이라 검역이 까다롭고, 화분은 운송 과정에서 파손되는 일이 비일비재하다. 직접 수입하면서 많은 시행착오를 겪었다. 손실이 컸지만 이 경험들이 쌓여 상품 경쟁력을 갖출 수 있었다. 그리고 지금은 한 국가에서 여러 국가로 수입 영역을 확대해 더욱 다양한 품목의 제품들을 구비하고 있다.

자체브랜드 상품인 수제 화분 보유

'푸르다'의 궁극적인 목표는 건강하고 감각적인 식물 생활을 지향하는 것에 초점을 둔다. 화분을 제작할 때 가장 중요하게 생각했던 것은 '식물의 건강'이다. 사람에게 의식주가 중요하듯 식물에게도 자라는 환경, 공간, 양분이 중요하다. 채광, 온도, 습도 등 살아가는 환경이 저마다 다른 식물에게 적합한 환경을 만들어주기 위해 최우선의 노력을 하고 있다. 그 다음으로는 식물이 가진 고유의 감각을 담아내기 위해 식물의 특성, 색상, 형태 등 식물과의 어울림을 세심히 고려하여 가장 이상적이며 아름다운 디자인의 화기를 제작한다.

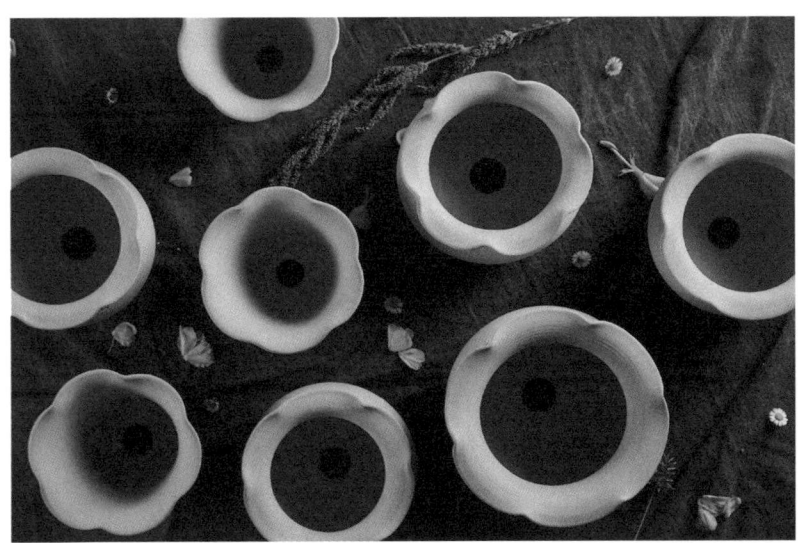

도소매 유통 매장

'푸르다'는 해외 직수입 제품과 자사 브랜드 제품을 통해 가격 경쟁력과 상품성을 갖추어 일반 소비자 뿐만 아니라 원예 관련 사업자에게 유통한다. 재고에 대한 부담을 완화할 수 있도록 초도 물량을 최소로 하고 다양한 식물과 화분을 한 곳에서 사입하는 편의를 제공하기 위해 노력하고 있다.

푸르다 매장 수입 화분들

전문화된 교육이 가능한 곳

'푸르다'에서는 관엽 · 분재 · 희귀식물 등 다양한 취미 클래스와 사업 운영을 목적으로 하는 전문가 과정, 창업 과정을 운영한다. 분재 클래스에서는 옛날 방식의 전통 분재에서 벗어나 젊은 층과 일반인에게도 인기가 많은 미니 분재를 주로 다루며, 돌에 나무를 심거나 붙여 바위나 절벽에 뿌리내린 자연의 풍광을 연출하는 석부작 수업이 가장 반응이 좋다.

와디즈- 희귀식물강의   석부작수업

희소성이 있는 열대 관엽 식물을 다양하게 접해볼 수 있는 희귀식물 수업에서는 무늬 천재라 불리우는 몬스테라알보를 직접 커팅하는 특별한 실습 과정이 커리큘럼에 포함되어 있다. 다른 곳에서 쉽게 볼 수 없는 아이템이라 450만 대형 플랫폼인 와디즈에서 먼저 관심을 보여 펀딩 프로젝트를 제안했고 이에 희귀식물 클래스를 와디즈와 함께 진행하기도 했다.

창업 클래스의 경우 실질적인 사업 운영을 위한 과정인 만큼 식물에 대한 전반적인 이해뿐만 아니라 더욱 광범위하고 세부적인 커리큘럼을 요한다.

푸르다의 창업 클래스는 사업운영의 시행착오를 줄이고, 교육 내용을 실무에 바로 적용하도록 5년 가량 푸르다를 운영하며 얻은 다양한 경험과 노하우를 아끼지 않고 공유한다. 오랜 세월 노력 끝에 발굴해 낸 배양 기술을 전수하는 것은 물론, 직접 발로 뛰어 알아낸 숨은 농장 정보를 제공한다.

사업자를 취득한 후에는 식물과 화분을 도매로 제공하여 사업에 들이는 시간과 비용을 줄이고, 지속적으로 트렌드에 맞는 식물과 화분을 발굴할 수 있도록 돕는다.

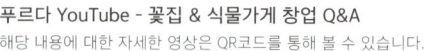

푸르다 창업 클래스의 차별점은 다년간의 경력을 가진 식물전문가와 광고전문가 그룹이 보다 심도있는 수업을 진행하므로 식물에 대한 지식과 기술은 물론, 판매전략과 브랜딩 등 마케팅까지 제대로 배울 수 있다는 것이다.

20년 분재 전문가가 알려주는 분재 작품 제작 기술, 직접 수입과 배양하면서 체득한 식물 관리 방법, 숨은 농장 정보, 자체 브랜드 화기 제작 과정, 판매 채널에 맞는 제품 선정과 가장 중요한 마케팅 전략까지 창업을 앞둔 수강생에게 '푸르다'의 인프라를 모두 활용할 수 있도록 최선을 다할 것이다.

이들이 있기에 푸르다가 존재한다

식물 전문가인 분재관리사, 플로리스트 상주

푸르다는 300여 종 이상의 식물을 다량 보유한 가드닝샵이다. 식물의 상태를 살피고 그에 맞게 관리할 수 있는 전문 인력은 필수적이다. 출근 후 업무의 우선순위는 언제나 식물의 상태를 최우선으로 둔다. 새로운 식물이 입고되면 환경변화에 적응을 못하는 식물이 있지는 않은지, 식물들이 서로 부딪혀 상처를 내고 있지는 않은지, 구석에 방치되어 물을 못 먹고 있는 식물은 없는지, 분갈이 시기를 놓친 식물들은 없는지 꼼꼼히 살피고 그에 따라 대응해야 한다. 식물군에 따라 생육 방식이 다르기에 분재와 관엽 전문가가 협업한다. 분재는 수형을 잡기 위해 철사를 1~2년 정도 걸어 두는데 제 때 빼지 않으면 철사가 줄기를 깊게 파고들어 나무가 다칠 수 있다. 관엽식물 중에서 관리 난이도가 높은 편인 안스리움은 온도와 습도에 예민해 잘 맞춰주는 것이 중요하다. 아메리카 열대 지역이 원산지라 덥고 습한 곳에서 잘 자랄 것이라고 생각할 수 있지만 실제로 그렇지 않다. 숲이 우거진 열대우림에서도 가장 안쪽, 그늘에서 자라기 때문에 시원한 온도에서 잘 성장한다. 여름에 온도가 너무 높은 곳에 두면 잎이 쭈글쭈글해지고 세균으로 인해 줄기가 녹아서 죽는 경우도 있다. 따라서 적정 온도를 맞춰주고 건조하지 않게 가습기를 틀어 습도 관리에 신경써야 한다.

수반팟과 코케다마 합식

공예 디자이너와 40년 도예 전문가의 협업

푸르다 수제 화분이 만들어지는 과정은 다음과 같다. 가드너인 분재관리사와 플로리스트가 식물의 특성과 형태에 따라 적합한 화분을 기획한다. 푸르다의 심플디자인 컬렉션 화기 중 하나인 수반팟은 다양한 종류의 식물을 한 데 심는 합식을 위해 기획된 낮은 그릇 형태의 화분이다. 우리는 수반팟에 코케다마와 이끼를 이용한 합식, 작은 선인장 합식을 연출하기로 하고 각종 레퍼런스를 찾았다. 화분을 제작할 때 가장 우선되어야 할 부분이 바로 이것이다. 구체적으로 어떤 식물을 심어야 할 지를 정하는 것. 식물의 매칭을 고려하지 않고 화분의 디자인만 생각한다면 제작한 후에 쓰임이 적절하지 않을 수 있다. 다음은 공예 디자이너가 화분의 모양과 가장 이상적인 비율을 찾아 스케치하고 색상과 질감을 선정한다. 이후 도예 작가와의 미팅을 통해 흙의 종류와 가마 소성 방식을 논의하고 물레로 디자인을 구현해본다. 0.5mm씩 미세한 차이를 두며 화분의 모양을 다듬는다. 도화지 속 그림을 실제 크기를 감안하여 도면에 옮기고 흙을 빚어 디자인하는 과정. 40년 노하우가 깃든 도예 작가님의 손길이 없다면 불가능하다. 이렇듯 푸르다 화분은 세 분야의 전문가가 수공예로 만들어 더욱 값지다.

40년 노하우가 깃든 도예 작가님

파급력 있는 온라인 홍보 채널과 마케팅 인력 보유

'푸르다'는 광고회사에서 만든 브랜드로 콘텐츠 마케터와 웹 디자이너, 영상편집자로 구성된 마케팅 팀이 있다. 대표적인 온라인 홍보 채널인 블로그, SNS, 유튜브를 모두 직접 운영한다. 보통은 광고회사라고 할지라도 전문 분야가 한정되어 한가지 채널만 자체적으로 운영하고 외주 업체에 맡기는 것이 일반적이다. 하지만 자체 실행력을 갖추기 위한 10여 년의 노력으로 기획부터 디자인, 편집까지 콘텐츠 제작은 물론 광고 시스템도 모두 자체적으로 운영한다. 덕분에 콘텐츠의 양질을 확보하고, 모든 채널의 운영 체제를 일원화하여 업무의 효율성을 높이고 성과를 극대화할 수 있게 되었다. 각 채널 별 마케팅 방법에 대한 내용은 5장에서 확인할 수 있다.

Part 2.
대중이 원하지만 남들과는 다른 것

대중이 원하는 것

PLANT + INTERIOR

식물은 영어로 "Plant"라고 하고, 인테리어는 "Interior"라고 한다. 식물과 인테리어가 하나됨을 의미하듯 이 두 단어를 합쳐 "Planterior"라는 표현도 생겨났다. 인테리어의 사전적 의미는 '실내를 장식하는 일'이다. 여기에 말 그대로 식물을 더해, '실내를 식물로 장식하는 일'을 플랜테리어라고 말할 수 있다. 공간 연출은 무생물인 가구나 소품으로만 하는 것이 아니라, 식물들로 한층 더 아름답고 조화롭게 나타낼 수 있다. 플랜테리어가 유행하고 있다는 것은 식물 가게를 운영하다 보면 더욱 실감할 수 있는데 식물로 인테리어를 하려는 카페, 음식점, 사무실을 오픈하는 운영자분들, 신혼부부들을 매주 만날 수 있기 때문이다.

푸르다 YouTube - 전원주택 조경 시공
해당 내용에 대한 자세한 영상은 QR코드를 통해 볼 수 있습니다.

기억에 남는 손님으로는 푸르다 유튜브 채널을 보고 방문하신 분이었는데 카페를 오픈하신다고 했다. 희귀식물로 공간을 특색 있게 꾸미길 원한다고 무려 2,000만 원어치의 식물을 한 번에 구매해 가셨다. 고가의 식물들이기도 하지만 난이도가 있는 열대 관엽 식물들을 위주로 고르셨기 때문에 데려가서 잘 키울 수 있을지 걱정이 되었지만 대화를 나눠보니 이미 취미로 다양한 종류의 식물들을 키워본 경험이 있고 식물을 업으로 하는 사람 못지 않게 풍부한 지식도 갖고 계셔서 안심하고 판매했던 경험이 있다. 대량으로 식물을 키울 때는 식물에 대한 정보와 이해가 꼭 필요하다. 한 가지 팁은 물 주기가 비슷하고 생육환경이 비슷한 식물들을 함께 키우는 것이 관리하기에 수월하다는 것이다. 플랜테리어를 목적으로 식물을 사러 오는 고객님들께 당장 보기에 아름다운 식물을 추천하기 보다는 공간의 환경과 개인의 관리 주기, 취향 등을 고려하여 푸르다 매장 내 전문 가드너가 붙어 함께 식물을 선정해주고 실내에 배치할 때의 팁을 알려주고 있다.

플랜테리어가 유행하면서 불멍, 물멍 등에 이어 식물을 보며 멍을 때린다는 식멍, 풀멍에 대한 신조어도 생겨났다. 이렇게 플랜테리어가 유행하게 된 것에는 여러가지 이유가 있겠지만, 필자는 유행의 이유로 3가지 정도를 꼽으려고 한다.

첫째, 도심에서 바쁜 현대사회를 살아가면서 자연과 느림을 추구하고 싱그러움, 맑은 공기를 추구하는 사람들이 늘어나면서 일 것이라고 생각된다.

산을 깎고, 도시화되며 매연이 가득하고 자연이 망가진 도시에서 살아가면서 자연을 찾게 되고 느리지만 꾸준히 자라나는 식물을 바라보면서 힘을 얻는 사람들이 늘고 있다는 것이다. 실제로 푸르다 가드닝클래스에 참여한 한 수강생은 식물을 기르며 무기력한 삶 속에서 작은 희망을 느꼈다고 했다. 자신이 돌봐주지 않으면 시들시들해지고 열심히 살펴주면 파릇파릇 생기가 되살아나는 식물의 모습을 보면서 꾸준히 내가 할 일을 한다면 언젠가 성장하게 된다는 희망과 자신감을 가지게 되었다고 한다.

둘째, 취향을 공유하는 많은 플랫폼이라고 생각한다.

요즘은 활발한 SNS 소통과 인터넷의 발달로 인해 대중들이 자신의 취향을 쉽게 공유하고, 아이디어를 얻을 수 있다. 인테리어 관련 어플리케이션도 상당히 많다. 이를 통해 대중의 취향을 파악해 볼 수 있는데, 점차 식물과 인테리어가 하나가 되어가는 것을 볼 수 있다. 인스타그램이나 유튜브, 오늘의집과 같은 플랫폼을 통해 집안에 가구를 채우듯, 공간에 식물들을 채우는 식물 인테리어를 많이 마주할 수 있을 것이다. '푸르다'는 식물을 취향에 따라 선택하고 각자가 원하는 스타일을 살려 가드닝을 하도록 수업을 하는데, 식물이나 화분을 취향껏 고르는 것뿐만 아니라 식물을 가꾸고 키워나가면서 자신이 좋아하는 토피어리 수형을 만들거나, 미니 식물로 작게 키우면서 나무의 취향을 만드는 것을 지향한다.

푸르다 YouTube - 오피스 플랜테리어 식물
해당 내용에 대한 자세한 영상은 QR코드를 통해 볼 수 있습니다.

셋째, 코로나19로 인한 유행이다.

코로나로 인해 집에 머무는 시간이 늘어나면서 집을 꾸미고, 혼자만의 취미생활을 즐기는 사람들이 늘어나면서 플랜테리어의 유행에 불이 붙었다고 생각한다.

위에서 말한 다른 사람의 취향을 보면서 관심을 갖게 된 사람들이 다른 취미활동을 알아보고 해 볼 수 있는 시간이 생긴 것이다. 집에서 식물을 키울 수 있는 조건이 되지 않는 경우에도 체험을 위해 가드닝 클래스를 듣기도 하고 내 손으로 작품을 만드는 것에 의의를 둔 테라리움, 코케다마, 선인장 합식, 석부작, 이끼액자 등 식물과 관련한 여러 활동이 늘어나고 있는 것을 볼 수 있다.

테라리움 클래스

석부작 클래스

선인장 합식 클래스

내 공간에 알맞는 식물은?

플랜테리어를 위해 실내에 식물을 들이고자 한다면 먼저 식물을 키우고자 하는 환경을 파악하고, 그 환경에 맞는 건강한 식물을 가져오는 것이 좋다. 건강한 식물인지 확인하기 위해서는 잎사귀가 튼튼한지, 줄기가 단단한지, 벌레가 갉아 먹었거나 병충해를 입은 곳이 없는지 확인해야 한다. 특히 기존에 식물을 키우고 있었다면, 병충해가 걸린 식물을 집에 들일 경우 다른 식물에도 옮길 수 있으니 특히 주의가 필요하다.

매장에 있다 보면 식물을 정하고 오기보다 플랜테리어를 위해 예쁘고 감성적인 식물을 추천받고자 하는 손님들이 많다. 이런 분들에게 식물을 추천하기 전 가장 먼저 확인하는 것이 2가지 있는데 그 중 첫 번째는 '식물을 키우고 계신지'이다. 식물은 키워본 사람이 잘 이해하고 기를 수 있기 때문에 경험이 없는 초보자라면 생명력이 강하고, 번식력이 좋은 식물을 위주로 추천을 하며, 개인의 생활패턴에 따라 관수를 얼마나 할 수 있는지 관리 주기도 확인하여 알맞은 식물을 권한다. 두 번째는 공간의 환경을 여쭤보는데, 제일 먼저 확인해야 할 것은 광량이다. 햇빛이 잘 들어오는지, 환기를 시키는지, 에어컨이나 난방을 트는지, 가습기가 있는지 등의 여부이다. 물론 식물을 어떻게든 키우고 싶어하는 경우 식물등과 서큘레이터 등을 사용하면 보완이 가능하지만 이런 도구들은 가급적 식물을 키울 수 있는 환경에서 보조로 맞춰주는 것이 좋기 때문에 미리 키우는 환경을 파악하는 것이 중요하다.

푸르다 YouTube - 식물 구매 꿀팁
해당 내용에 대한 자세한 영상은 QR코드를 통해 볼 수 있습니다.

물 주기를 자주 할 자신이 없는 사람이라면 건조함을 잘 견디는 다육식물과 선인장과의 식물을 추천한다. 크기가 작아 선반이나 테이블 위를 아기자기하게 연출할 수 있어 소박하게 시작할 수 있는 식물로 방울방울 꽃망울을 닮은 녹영금, 생선 뼈 모양의 피시본, 파인애플을 닮은 괴마옥, 동전 같이 동그란 녹태고 등을 추천한다.

피시본

괴마옥

크로키아

이 밖에도 건조함을 잘 견디는 실내 식물로는 잎이 두껍고 빳빳해 시원시원해 보이는 것이 특징이라 남성분들도 좋아하는 플로리다 소철, 나비모양의 잎이 앙증맞아 여성분들이 좋아하는 멕시코 소철, 잎이 작고 여리여리한 선이 감성적인 소포라, 크로키아 등이 있다.

하지만 식물 초보자에게 건조를 잘 견디는 식물만 추천하는 것은 아니다. 선인장처럼 성장속도가 느려 변화가 없는 식물은 존재를 잊어버릴 수 있기 때문에 성장이 눈에 보이는 식물을 키우며 재미를 느껴보도록 권하기도 한다. 물을 조금 더 자주 줘야하는 식물이라도 흙 마름을 체크하면서 관수 주기에 대한 감을 익혀갈 수 있으며, 관리를 조금 더 해줘야 하는 식물이라면 통풍, 온도, 습도, 빛에 대해 고민하면서 오히려 공부가 된다.

또 실내에서 키울 식물을 고를 땐, 식물을 둘 자리에 햇빛이 잘 들어오는지도 파악해야 하는데 특히 대부분의 식물은 햇빛을 봐야만 광합성을 하고, 흙이 마르기 때문에 광량도 살펴봐야 한다. 햇빛이 잘 들어오는 집이라면 식물의 선택지가 매우 늘어나는데 꽃과 열매의 알록달록한 색감이나 무늬가 있어 관상 가치가 높은 식물들도 키울 수 있다. 유주나무 같은 과실수나, 동백나무 같은 꽃나무는 햇빛을 많이 받아야만 꽃과 열매를 맺으며, 벤자민 고무나무 같은 무늬 식물도 채광이 충분해야 무늬가 선명하게 나온다. 특히 빛을 많이 요구하는 것으로 알려진 율마 중에서도 무늬가 있는 눈꽃 율마는 높은 광량을 요구하기 때문에

유주나무

벤자민 고무나무

눈꽃 율마

햇빛이 많이 들지 않으면 키우기 어려운 식물 중 하나다. 따라서 이런 꽃과 열매가 열리는 과실수나 무늬 식물은 날이 따뜻할 때 베란다에서 식물 장을 만들어 키우는 것을 추천한다. 단, 동절기에 기온이 영하로 내려 가면 생육 온도 이하로 떨어질 수 있으니 햇빛이 직접적으로 드는 거실 창가로 옮겨주는 것이 좋다.

반면, 집에 햇빛이 잘 들어오지 않는다면 그나마 햇빛을 덜 봐도 자랄 수 있는 반음지 식물을 추천한다. 빛이 덜 드는 침실, 서재, 소파 옆에 둘 식물을 찾는 경우 추천하는 식물이다.

작지만 풍성한 잎이 인테리어에 힘을 실어주는 양치식물(다바나 고사리)과 아스파라거스(나누스, 비르가투스), 테이블 위에 잘 어울리는 식물로 이름이 붙여진 테이블야자, 이국적인 느낌을 주는 드라세나 드라코, 넓은 잎으로 시선을 집중시키는 알로카시아 등이 강한 빛을 힘들어하는 반음지 식물들이다. 이 식물들은 양지에 두면 잎이 시들시들하거나 타버린다. 특히 고사리 과 식물들은 습도 관리에 유의해야 한다. 물주기를 할 때에는 과습에 취약하지만 공중 습도를 높게 유지해줘야 잘 자란다. 단 고사리과 중에서도 보스턴고사리 같이 무늬가 있는 식물은 빛을 많이 요구하기 때문에 양지에서 키워야 한다.

다바나 고사리

보스턴 고사리

테이블야자

아스파라거스 비르가투스

알로카시아

드라세나 드라코

무늬 보스턴 고사리

다바나 고사리

겨울철 베란다에서 키울 수 있는 식물을 찾는다면 내한성이 좋아 베란다 월동이 가능하며 해가 좋고 바람이 잘 드는 베란다가 최적인 유칼립투스와 아카시아, 티트리나무를 추천한다. 위의 세 가지 식물은 오스트레일리아가 원산으로 면적이 아주 넓고 기후가 한국과 너무나 달라 키우기가 까다롭다. 같은 오스트레일리아에서도 열대, 아열대, 사막, 초원, 해안가 등 다양한 곳에서 자라다 보니 자생지에 따라 특징이 다 다르고 세 가지 모두 몇 백 종 이상의 종류가 있다, 그렇기 때문에 유칼립투스, 아카시아, 티트리 종류의 식물을 키우고자 한다면 그 식물의 이름을 외워 두고 검색해보면서 종류에 따라 정보를 습득하고 키우는 걸 추천한다.

레드선샤인 티트리나무   둥근잎 아카시아

푸르다 YouTube - 베란다 월동 가능한 인테리어식물
해당 내용에 대한 자세한 영상은 QR코드를 통해 볼 수 있습니다.

유칼립투스

대부분 채광과 바람을 좋아하는데 건조를 잘 견디는 종과 그렇지 않은 종으로 나뉜다. 유칼립투스 종류는 폴리안, 파블로, 슈가검, 웹스테리아나 등이 있다. 특유의 매혹적인 향과 잎의 모양, 은색빛깔의 잎이 사람을 홀리게 하는 매력적인 나무이다. 물을 아주 좋아하는 속성수로 배수를 좋게 하고 물주기를 자주 체크해 주는 것이 좋다. 아카시아 종류는 가는잎, 긴잎, 둥근잎, 아필라 등이 있는데 잎 모양이 다양하고 수형이 예쁜 나무이다. 1월 즈음 피는 화려한 노란색 꽃이 정말 아름답다. 공기 중에 질소를 가져와 뿌리에 저장하기 때문에 많은 비료를 요구하지 않는다. 티트리는 티트리 오일을 만드는데 사용되는 향이 좋은 나무이다. 나무의 줄기 껍질이 종이처럼 벗겨져 페이퍼트리라고도 부른다. 순 따기를 해주며 키우면 더 풍성한 수형을 만들 수 있다. 티트리의 하얀색 꽃은 여름에 내리는 눈이라고 비유될 정도로 예뻐 관상용으로도 가치가 높다.

이렇게 식물을 둘 장소에 맞춰 선정을 마쳤다면 콘셉에 따른 플랜테리어 팁 몇 가지를 이야기 해보려 한다.

유칼립투스

유칼립투스 폴리안

유칼립투스 슈가검

유칼립투스 웹스테리아나

유칼립투스 블랙잭

유칼립투스 파블로

푸르다 YouTube - 카페 플랜테리어 식물, 유칼립투스 · 아카시아 · 티트리
해당 내용에 대한 자세한 영상은 QR코드를 통해 볼 수 있습니다.

아카시아

멜라녹실론 아카시아

은엽 아카시아

자엽 아카시아

아카시아 아필라

삼각잎 아카시아

먼저 항상 따뜻한 온도가 유지되는 실내 공간이라면, 자생지가 남아메리카 열대우림인 식물들을 이용해 정글 느낌으로 연출이 가능하다. 필로덴드론 파스타짜넘, 필로덴드론 마메이, 필로덴드론 마제스틱, 필로덴드론 빌리에티에, 필로덴드론 소디로이 등 필로덴드론은 대부분 거대하게 자라는 종류가 많기 때문에 자라면서 넓은 공간이 필요하지만 정글의 느낌을 가장 잘 살릴 수 있는 대표적인 플랜테리어 식물이다.

필로덴드론 소디로이

필로덴드론 베멜하

필로덴드론 빌리에티에

필로덴드론 마메이

연필선인장 유포르비아 알루아우디

연필선인장 파티오라금

연필선인장

개성있는 식물로 플랜테리어를 원한다면 연필같은 줄기가 붙어 있어 연필선인장이라 불리는 유포르비아 티루칼리와 유포르비아 알루아우디를 추천한다. 미국 애리조나주와 멕시코 소노라 사막 일대가 원산지라 물주기를 자주 하지 않아도 된다. 선인장과에 해당하기 때문에 잎이 단단하면 단수하고 쭈글쭈글해지면 급수한다. 연필선인장은 바닷속 산호를 닮았다고 해서 청산호라고도 불리는데 길쭉길쭉하고 개성 있는 수형이 매력이다. 소형 연필선인장은 몽당연필 같이 사랑스럽고 귀여운 느낌을 주고, 대형은 자연 조형물처럼 존재감이 돋보여 공간을 특별하게 인테리어 할 수 있다.

해변에 온 듯 시원시원하면서 이국적인 분위기로 꾸미고 싶다면 피닉스야자, 워싱턴야자, 아레카야자, 부채야자, 공작야자, 여왕야자 등 야자과 식물을 추천한다. 야자 식물들은 실내 환경에서 적응력이 좋은 식물이라 키우기가 쉽다. 성장속도가 빠르기 때문에 햇빛이 잘 들고 공간이 넓다면 큰 화분에 심는 것을 추천한다. 대형 식물로 연출할 경우 잘 뻗은 잎이 휴양지 해변에 온 듯 이국적인 느낌을 준다. 때문에 심심한 벽면에 포인트로 하나만 두어도 엄청난 플랜테리어 효과를 얻을 수 있어 비어있는 공간을 아름답게 채워주는 오브제 역할을 톡톡히 한다. 특히 야자과는 그림자가 가장 아름다운 식물로 시중에 판매하는 식물 그림과 같은 소품들과 함께 두면 절묘하게 잘 어울린다는 특징이 있다.

워싱턴야자

피닉스야자

만약 플랜테리어를 원하지만 식물을 둘 공간이 부족하다면 줄기를 타고 아래로 자라는 덩굴성 식물이나 행잉 식물로 높은 선반, 벽을 이용한 플랜테리어를 추천한다.

빈 벽이나 공중에 연출하기에 좋은 식물로 인기있는 행잉 식물은 틸란드시아 코튼캔디, 틸란드시아 카풋메두사, 디시디아 애플, 립살리스 파라독스, 립살리스 뽀빠이, 박쥐란 등이 있다. 이 식물들은 대부분 햇빛을 좋아하기 때문에 빛이 들어오는 창가 등 밝은 공간에 매달아 주는 것이 좋다.

디시디아 애플

행잉 식물 연출

박쥐란

푸르다 YouTube - 행잉플랜트 식물인테리어
해당 내용에 대한 자세한 영상은 QR코드를 통해 볼 수 있습니다.

또한 행잉 식물 중 무드 있는 연출이 가능한 덩굴성 식물로는 마다가스카르 자스민, 러브체인, 필로덴드론 브랜티아넘, 필로덴드론 미칸, 보스턴고사리, 싸리, 스킨답서스, 호야 등이 있다. 마다가스카르 자스민은 꼭꼬핀을 이용해 벽에 걸어두면 큰 인테리어 효과가 있으며 별사탕 같은 꽃이 피는 호야는 다육성 식물이라 생명력이 강하고 굵고 건강한 줄기가 매력적이다. 키우기 쉬운 대표 덩굴식물인 스킨답서스는 빛이 잘 들지 않는 반음지에서도 잘 자란다. 최근에는 은빛이 나는 엔젤이 희소성이 있어 인기가 좋다. 필로덴드론 미칸은 벨벳질감의 잎이 아름다우며, 필로덴드론 브랜티아넘은 은빛 이파리가 색다른 멋을 낸다. 보스턴 고사리는 풍성한 잎이 돋보이며 무늬 보스턴 고사리는 더욱 화려한 연출이 가능하다. 길게 늘어지며 자라는 싸리는 높은 선반이나 수납장 등의 위에 올려 놓으면 아래로 떨어지는 수형이 멋스럽다. 특히 1월부터 피는 싸리의 꽃은 종류별로 보라색, 흰색, 분홍색을 띠며 감상 기간도 길어 푸르다에서 가장 인기 있는 시즌 베스트 식물 중 하나다.

마다가스카르 자스민

플랜테리어를 할 때 공간 별, 콘셉별 식물을 선정했다면 배치 시 식물의 조화도 고려해야 한다. 식물을 놓을 때 가장 중요한 것은 리듬감이 있는 식물 배치이다. 너무 정직하게 일정한 간격으로 늘어놓거나 같은 키의 식물을 나란히 배치하면 단조롭고 딱딱하게 연출될 가능성이 높기 때문에 스툴, 협탁, 선반 등의 가구를 활용하거나 두꺼운 책, 화분 등의 소품들로 높낮이를 두어 식물의 키를 조절해 리듬감을 주는 것이 좋다.

두 번째로는 식물의 색상 조합이다. 식물의 색은 시선을 끌고 감성을 자극하기 때문에 잘 조합하면 시각적으로 만족스러운 디자인이 되지만 그렇지 않은 경우 부조화를 이룰 수 있다. 보통 밝은 색의 식물은 생동감을 주고, 차가운 색은 휴식을 주며, 따뜻한 색은 활기차게 만들기 때문에 이에 따라 공간의 스타일과 분위기에 따라 식물 색을 결정하는 것이 좋다. 화려하고 튀는 색상의 식물은 한 곳에 모아서 배치하는 것보다 포인트로 두는 것이 예쁘고, 일반적으로 배경이 되는 식물은 톤이 낮은 색을, 강조점이 되는 식물은 원색이나 강한 톤의 색을 선택한다. 같은 색 계열의 배합, 보색 계열의 배합, 다양한 색의 조합 등 콘셉트에 맞게 식물 색의 테마를 정하는 것을 추천한다. 색의 조화를 맞추기 어려운 초보자라면 알록달록한 색감보다는 푸릇푸릇하고 싱그러운 녹색 계열의 식물에 흰 무늬가 들어가 포인트가 되어주거나, 잎이 은색인 식물과 다양한 질감의 식물을 혼합하면 아름다운 조합을 만들 수 있다.

봄, 여름, 가을, 겨울

우리는 알게 모르게 식물을 보며 사계절을 이야기하곤 한다. 봄은 화려한 꽃이 피는 숲, 여름은 푸릇푸릇한 초록 숲, 가을은 알록달록 물든 숲, 겨울은 가지만 남은 숲 등. 이렇게 우리나라는 사계절의 매력을 모두 느낄 수 있는 축복받은 나라이다. 이에 따라 식물들도 각 계절별로 즐길 수 있다. 매장에 방문하는 손님들도 계절마다 어떤 식물을 키우는 게 좋을지 물어보는 경우가 많기 때문에 시즌별로 추천할 식물을 가지고 있는 것이 좋으며, 각 계절별 가드너의 움직임도 달라진다.

[봄]

봄은 얼어붙은 땅이 녹으며 식물이 싹을 틔우고 꽃이 피기 시작하는 계절이다. 추위에 웅크렸던 만물이 점차 기지개를 펴고 고개를 들며, 한 켠에 쥐 죽은 듯 숨죽여 있던 식물들이 언제 그랬냐는 듯 살아나기 시작하면서 가드너들은 바빠지기 시작한다.

1. 두고두고 미루던 분갈이를 해줘야 하는 시즌.
   흔히 분갈이 지옥이라고 한다.
2. 성장기인 만큼 잘 자라게끔 비료를 챙겨 주어야 한다.
3. 무성한 잎과 가지를 잘라 아름답게 가꿔 준다.
4. 식물만 쥐 죽은 듯 있던 것이 아니다. 벌레들도 같이 덩달아 신나게 날뛰기 시작해 주기적으로 확인하고 예방과 방제를 해줘야 한다.
5. 잡초도 식물이지만 벌레들의 안식처이고 우리가 키우는 식물에게 병을 옮길 수 있기 때문에 제초를 한다.
6. 삽목 번식이 가능한 시기이다.
   선선한 바람과 은은한 햇살로 식물이 뿌리를 뻗기에 좋다.

   * 꽃이 피는 식물은 꽃이 피기 전에 분갈이를 해줘야 한다. 꽃이 핀 후에 분갈이를 할 시 꽃이 피지 못하거나 떨어진다.

꽃이 피는 봄이 오면 새순이 피거나 꽃이 피는 식물들을 추천한다.

필레아페페

필레아페페의 풀 네임은 필레아페페 로미오이데스이다. 중국 남부 원난성을 원산지로 둔 관엽식물로 둥글둥글한 잎이 귀여워 인기가 많다. 잎이 동전처럼 생겼다고 하여 동전풀, 돈나무라고 불리며, 키우기가 까다롭지 않아 처음 들이는 사람들도 키울 수 있는 식물이다. 번식력이 좋아 반려식물을 늘리는 재미를 볼 수 있으며, 잘 키우면 포도송이 같은 하얀 꽃을 자주 보여준다.

필레아페페 로미오이데스

푸르다 YouTube - 필레아페페 예쁘게 키우기
해당 내용에 대한 자세한 영상은 QR코드를 통해 볼 수 있습니다.

켄트마이조

켄트마이조는 상록으아리라고도 불린다. 특이한 잎의 모양과 여리여리한 잎의 선이 흘러내리는 수형으로 감성적인 분위기를 만들어주며 조화처럼 뻣뻣한 특이한 식물이다. 사계절 내내 푸른 잎과 줄기를 유지하지만 3~5월에 흰색의 큰 꽃이 피어 봄이 오는 것을 알려주는 매력적인 식물로 인기가 많다.

켄트마이조

호주매화

호주매화는 마누카라고도 불리며, 뉴질랜드 또는 호주가 원산지이다. 매화 꽃과 닮아 호주매화라는 이름이 붙었으며 붉은색, 하얀색, 분홍색 꽃이 핀다. 개화기간이 긴 편으로 가을부터 꽃대가 올라와 늦봄까지 볼 수 있으며 꽃이 예뻐 인기가 많다.

호주매화

애니시다

유럽과 서부 아시아, 북아프리카, 카나리아 제도가 원산지인 애니시다는 양골담초, 금작화라고도 불리나, 정확한 명칭은 양골담초가 맞다. 5월쯤 작고 노란 꽃이 풍성하게 피며 향긋한 레몬향이 나 실내에서 관상용으로 많이 키우는 인테리어 식물이다. 열매도 열리지만 열매에는 독성이 있어 먹는 것은 안 된다.

애니시다

조팝나무

조팝나무 꽃은 흰색으로 만개했을 때 가지 전체를 꽃이 뒤덮는데 마치 튀긴 좁쌀 같다 하여 조팝이라는 이름이 붙었다. 보통 4~5월에 꽃이 개화하며, 장미과 장미목에 속한다. 1.5~2m까지 자라 카페나 식당 등 상업공간에서 키울 수 있지만 미니 분재로 집 안에 들여놓아도 좋다.

조팝나무

식물을 판매하다 보면 비료나 영양제 주는 법에 대해서 많이 물어본다. 보통은 식물이 활동을 시작하는 시기인 봄에 주는 것을 권장한다. 단, 아프리카식물이나 다육식물의 경우 웬만하면 비료를 주지 않는다. 원래 척박한 환경에서 자라는 특성이 있어 비료를 주게 되면 키만 웃자라게 된다. 분갈이도 겨울을 지나고 따뜻해진 봄에 해줘야 몸살을 잘 이겨낸다. 병충해를 예방하기 위해 미리 천연 살충제를 뿌려주는 시기도 봄이 좋다. 벌레가 생기지 않도록 예방 차원의 살충제를 분무해주고 통풍을 잘 해주는 것을 권장하며, 새순이 올라오는 시기인 만큼 공중 분무를 해줘야 한다.

[여름]

무더운 계절로 가드너도 힘들지만 식물들 또한 너무 높은 온도는 힘들어 한다.

1. 식물들은 여름이 되면 물을 달라 애걸복걸 비명을 지른다.
   잠시 깜빡한 하루 사이에 초록 별로 떠나가 버린 식물이 한 둘이 아니다.
2. 온도가 올라갈수록 병충해 중에 병이 찾아 오기 시작한다.
   세균 번식이 빠르고 잎에 병이 생길 수 있다. 주기적으로 살균을 해준다.
3. 식물을 도와줄 아군, 선풍기와 써큘레이터를 적극 활용하자.
4. 식물이 잎에 구멍을 낼 정도로 여름의 햇빛은 강렬하다.
   해를 보고 야외에 두는 실수는 하지 말자.
5. 호스로 물을 주는 경우 호스 안의 물이 뜨거워지는 경우가 있다. 한참 물을 틀어서 뜨거운 물을 버리고 난 후 식물에게 시원한 물을 주자.
6. 시원하라고 식물에게 에어컨을 틀지 말고 사람에게 양보하자.
   식물은 에어컨을 싫어한다.

여름은 덥고 습도가 높으며 강우량이 많은 계절이라 식물들에게 있어 생산과 생식의 계절이다. 사계절 중 여름에 가장 많은 종류의 꽃이 피기 때문에 여름 꽃 식물을 추천하는 것도 좋으며, 엽록체가 많아진 짙은 녹색의 관엽식물이나, 습도를 좋아하는 고사리과 식물, 수국 등을 추천한다.

배롱나무

부처꽃과의 배롱나무는 꽃을 즐기는 낙엽활엽수로 7~9월에 개화한다. 꽃이 오래 피는데 100일 동안 꽃이 펴있다고 하여 백일홍이라고 불리기도 한다. 정원이나 공원에 많이 심어 상업적 공간에 많이 사용하지만 미니 분재로 집에 들이기도 좋다.

배롱나무 분재

수국

장미목의 낙엽관목으로 작은 꽃들이 동그란 공 모양으로 시원시원하고 아름답게 꽃을 피우며, 6~7월에 개화한다. 처음 개화했을 땐 연녹색의 흰 꽃이다가 밝은 청색으로, 자색으로 변해 보는 재미가 있고 키우기 쉬워 인기가 많다.

별수국   아이히메 수국

야자 과 식물

관음죽, 아레카야자, 피닉스야자, 부채야자, 워싱턴야자 등 야자류의 식물은 열대의 이색적인 분위기를 내기 좋고 조명을 비춰 인테리어하면 멋스러워 인테리어 식물로 인기가 많다. 잎이 시원시원하고 길쭉하게 자라며 잎의 수형이 멋있어 여름과 잘 어울린다. 아레카야자나 부채야자 등 일부 꽃을 피우는 경우도 있으며, 열매같이 생긴 동글동글하고 노란 꽃이 핀다.

아레카야자

피닉스야자

올리브나무

지중해성 식물인 올리브나무는 따뜻하고 건조한 환경을 좋아하지만 추위에도 강해 키우기가 매우 쉽고 1,000년을 사는 몇 안 되는 나무다. 가늘고 긴 잎이 예뻐 인테리어 식물로 인기가 많고, 봄에 꽃눈이 생기고 여름에 개화한다. 꽃이 지면 열매가 열리는데 열매는 실제로 먹을 수도 있다.

올리브나무

푸르다 YouTube - 올리브나무 키울 때 꼭 알아야 하는 핵심 영상
해당 내용에 대한 자세한 영상은 QR코드를 통해 볼 수 있습니다.

필로덴드론

브라질과 서인도제도가 원산지인 필로덴드론은 200여 종이 있으며 대부분이 덩굴성 식물로 관엽식물에 해당한다. 가장 많이 알려진 무늬콩고인 필로덴드론은 이파리의 하얀 무늬가 매력적으로, 희귀식물로 고가였지만 현재는 조직배양이 가능해져 가격이 안정화되었다. 키우기가 쉬워 몬스테라 알보 다음으로 희귀식물에 입문하기에 좋지만 독성이 있어 아이나 반려동물이 섭취하지 않도록 주의가 필요하다.

필로덴드론 마제스틱

필로덴드론 마메이

병충해가 가장 많이 생기는 여름의 관리법은 어떨까? 여름엔 휴가 등 집을 비우는 시기가 있을 수 있는데 통풍이 되지 않으면 병충해가 더 쉽게 생기기 때문에 집을 비웠다가 돌아왔을 땐 꼭 식물의 앞 뒷면을 꼼꼼하게 살펴봐야 한다. 병충해의 종류(응애, 깍지벌레 등)에 따라 사용하는 살충제가 다르기 때문에 생긴 병충을 확인하여 살충제를 구매하고 한 식물에 생겼다면 옆 화분까지 옮겨가기 때문에 살충제는 키우고 있는 식물에 모두 뿌려주는 것을 추천한다.

또한 우리나라의 여름은 매우 덥고 습하다. 특히 더운 것과 습한 것을 싫어하는 식물, 건조한 것을 싫어하는 식물 관리에 신경 써야 하는 시기이다. 해가 쨍하고 비가 내리지 않는 날씨에는 수분 증발이 많기 때문에 흙 마름이 빠르다. 따라서 물을 좋아하는 식물인데 물이 잘 마르는 흙에 식재되어 있거나 토분처럼 물 마름이 좋은 화분에 식재된 식물은 한낮을 견딜 수 있도록 아침에 관수하는 것을 권장한다. 하지만 습도가 매우 높은 장마철엔 관수 주기를 늘리고 통풍을 해줘야 하는데 바람이 불지 않는다면 써큘레이터 등 간접 바람을 통해 환기해줘야 한다.

또한 여름의 해는 세기 때문에 직사광선이 닿지 않는 곳에서 잎이 타지 않게 주의가 필요하다.

푸르다 YouTube - 병충해 종류별 퇴치법
해당 내용에 대한 자세한 영상을 QR코드를 통해 볼 수 있습니다.

[가을]

가을은 초록빛이었던 잎들이 빨강, 주황, 노랑 등으로 아름다운 색감을 자랑하는 계절이다. 단풍이 들며 식물들은 살을 찌워 겨울잠에 들어갈 준비를 한다.

1. 온도가 18℃ 이하로 내려가기 시작하면 물 조절을 해주도록 하자.
   가을부터는 봄과 여름에 비해 식물의 활동이 급격히 줄어든다. 활동이 줄어들면 뿌리의 흡수력도 줄기 때문에 흙 마름이 늦어 관수 주기가 여름에 비해 길어진다. 날씨도 점점 건조해지기 때문에 공중 분무와 통풍에 신경 써야 하는 계절이다.

2. 봄 분갈이를 놓친 경우 겨울 들어가기 전인 늦여름과 초가을에 하는 것이 적절하다. 가을철에서 가장 중요한 것은 분갈이로, 봄에 하지 못했다면 11월까지는 꼭 분갈이를 해주는 것이 좋다. 단, 꽃 식물 등 식물에 따라 가을철 분갈이를 권장하지 않는 경우도 있으니 분갈이 전에 식물을 검색해 보는 것을 추천한다.

3. 여름 동안 웃자란 가지들은 잘라준다.

4. 봄에 피는 꽃나무는 늦가을에 가지치기를 하여 꽃눈을 자르지 않도록 주의하자.

5. 추비. 겨울을 보내기 위해 비료를 준다.

6. 잎을 떨구는 식물의 경우 미처 떨어지지 못하는 잎을 떼어준다.

7. 두번째 삽목의 계절

가을 시즌 식물로는 겨울을 날 준비를 하는 단풍이 지는 식물, 열매를 맺는 과실수들을 주로 추천한다.

능소화

중국이 원산지인 능소화는 다른 이름으로 금등화라고도 불리며, 양반집 마당에만 심을 수 있다하여 양반꽃이라고도 불린다. 벽을 타고 올라가는 덩굴식물이며, 8~9월경 붉거나 주황색의 꽃이 피며 꽃이 지면 10월에 열매가 열린다.

능소화

왁스플라워

호주가 원산지인 왁스플라워는 잎이 솔잎을 닮아 솔매라고도 불린다. 왁스를 바른 듯 반질반질하고 특이한 질감에 왁스플라워라는 이름이 붙었다. 꽃과 잎의 향이 달라 매력적이며 꽃이 고급스러워 부케로 사용되는 경우도 있다.
잎은 문지르면 비누향같은 상큼한 냄새가 나고, 꽃에서는 레몬향이 나며 한 번 개화하면 늦여름~11월부터 꽃을 피워 이듬해 봄까지도 꽃을 보여줘 많은 사람들이 선호하는 식물이다.

왁스플라워

레몬나무

히말라야 산맥이 원산지인 레몬나무는 상록 관목으로 고온의 건조한 지역에서 재배되며, 10월에 꽃을 피운다. 보통은 레몬 수확을 위해 키웠지만 요즘은 실내에서 키우는 사람들이 늘어났으며 잘 관리하면 레몬을 1년에 최대 10번 정도 수확할 수 있다. 다만 씨앗으로 키워 열매까지 보긴 어렵기 때문에 묘목을 구해 레몬나무를 키워야 열매까지 볼 수 있다.

레몬나무

피라칸사

장미과의 피라칸사는 피라칸타라고도 불리며 이름에 열매가 붉고 가시가 있으며 잎이 좁다는 의미를 갖고 있다. 장미과인 만큼 줄기에 가시가 있으며, 5~6월쯤 꽃이 피지만 가을인 10~11월쯤 적색의 동그란 열매가 맺혀 가을에 더 인기가 좋다.

피라칸사

남천나무

중국이 원산지인 남천나무는 6~7월에 흰색의 꽃이 피며, 피라칸사와 마찬가지로 열매가 10월에 빨갛게 익어 가을에 더 인기가 많은 식물이다. 높이가 3m까지 자라지만 수형을 가꾸고 분재로 키우는 묘미가 있어 미니 분재 소재로 많이 사용한다.

직희남천

실남천

푸르다 YouTube - 남천나무 종류 & 식재 팁
해당 내용에 대한 자세한 영상은 QR코드를 통해 볼 수 있습니다.

[겨울]

쉬어가는 계절, 식물도 쉬는 계절

1. 냉해에 주의한다. '이 정도 온도면 괜찮겠지?'라는 생각은 금물이다. 방심한 순간에 냉해가 오기 때문에 항시 주의한다.
2. 식물은 15℃ 정도 아래로 떨어지면 생장을 멈추기 시작한다.
3. 생장을 멈춘 식물의 경우 물을 주지 않는다. 야자류는 거의 단수를 한다.
4. 찬 바람이 들어오는 곳이 있는지 확인 또 확인한다.
5. 겨울은 건조한 계절이기 때문에 바닥에 물을 수시로 뿌려 습도를 높여준다.
6. 비료를 주지 않는다. 잠자는 녀석을 일으켜 삼겹살을 먹이는 격이다.

겨울이 되면 식물은 동면기에 들어가지만 반려식물을 키우는 사람들은 추운 겨울에도 꽃을 피우거나 겨울에도 푸릇푸릇함을 보고 싶어하기 때문에 내한성이 좋아 베란다에서 키울 수 있거나 실내에서도 잘 자라는 식물을 추천해주는 것이 좋다. 보통 크리스마스 침엽수나, 추운 겨울에도 꽃을 보여주는 동백, 싸리 등이 있다.

보라싸리

흰싸리

동백나무

동양의 꽃으로 불리는 만큼 한국, 중국, 일본 등이 원산지인 동백나무는 겨울에 꽃이 핀다 하여 동백이라는 이름이 붙었으며, 카멜리아라고도 불린다. 동백 꽃 필 무렵이 겨울이 지나고 봄이 오는 시기를 말하는 만큼 동백은 12~2월간 개화하며 꽃의 향이 좋고 수려해 인기가 많은 식물이다.

동백나무

싸리나무

한국, 일본, 중국이 원산지인 싸리나무는 콩과 식물로 꽃 색에 따라 보라싸리, 분홍싸리, 흰싸리로 나뉜다. 덩굴성 식물이지만 가지치기를 통해 나무 형태로 키울 수 있다. 여리여리한 수형으로 인테리어 식물로 유명하며 겨울에 꽃을 볼 수 있어 매년 겨울 가장 인기가 좋은 식물이다.

보라싸리

푸르다 YouTube - 싸리나무 식재 꿀팁
해당 내용에 대한 자세한 영상은 QR코드를 통해 볼 수 있습니다.

침엽수

겨울 중에서도 크리스마스 시기에 가장 많이 나가는 침엽수는 대부분 사계절 내내 푸른 잎을 보여주며, 내한성이 좋고 키우기 쉬운 식물이다. 수형이 예뻐 크리스마스마다 가장 인기가 좋은 나무는 아라우카리아와 구상나무로 오너먼트를 걸어 크리스마스 분위기를 연출하기 좋다. 이 밖에도 블루아이스, 문그로우, 셀프레아 등의 식물을 크리스마스 식물로 많이 찾는다.

에메랄드그린

셀프레아

사이프러스

블루아이스

구상나무

문그로우

장수매

분재로 유명한 장수매는 잘 관리하면 사계절 내내 붉은 꽃을 볼 수 있어 기다림의 즐거움이 있다. 짙은 녹색의 잎과 매력적인 붉은 꽃의 조화, 오래된 나무(고목)의 운치를 동시에 느낄 수 있으며, 붉고 동그란 열매를 맺는 과실수임에도 키우기가 매우 쉬워 꾸준히 인기가 있는 식물이다.

장수매

겨울철에는 냉해를 가장 주의하며 키워야 한다. 냉해를 입은 식물은 회복이 어렵기 때문이다. 겨울철에 물을 줄 때에는 너무 차갑지 않은 미지근한 물을 주는 것이 좋으며, 대부분의 식물이 동면기에 들어가기 때문에 관수 주기가 길어진다. 흙이 마르지 않으면 뿌리가 무를 수 있기 때문에 낮에 햇빛을 잘 받을 수 있게 하거나 통풍을 해주는 등 흙이 잘 마를 수 있게 도와줘야 한다. 또한 겨울엔 난방을 많이 틀기 때문에 실내가 건조해지기 쉬워 공중 분무를 해주는 것이 좋다.

겨울철 손님들이 가장 많이 질문하고, 가장 실수를 많이 하는 것 중에 하나는 겨울철 식물 자리 이동이다. 앞서 말한대로 식물에게 낮 시간 동안 해를 보여주고 싶거나 환기를 위해 창가에 두는 등 식물을 위해 자리를 옮겨주지만, 대부분의 식물은 갑작스러운 온도와 환경 변화에 스트레스를 받는다. 실내에서 키우던 식물이라면 빛이 잘 보이는 실내에 옮겨주거나 베란다에서 실내로 들이고자 한다면 급격한 온도 변화를 느끼지 못하도록 조금씩 자리를 옮겨주는 것이 좋다.

푸르다 YouTube - 겨울철 식물 관리 총정리편
해당 내용에 대한 자세한 영상은 QR코드를 통해 볼 수 있습니다.

반려동물과 반려식물

식물을 좋아한다면 식물 집사, 반려 식물이라는 단어를 많이 들어봤을 것이라고 생각한다. 식물과 교감하고 정서적 안정을 받는 만큼 식물에 애정을 갖고 키우는 사람이 늘어난 것이다. 반려 동물을 키우는 사람도 많은 만큼 반려동식물을 함께 키울 수 있는지 확인하는 것은 필수라고 말할 수 있다.

푸르다는 애견 동반이 가능한 매장으로 강아지와 함께 방문하는 손님들이 많다. 때문에 강아지와 같이 키울 수 있는 식물을 물어보는 경우가 잦다. 식물은 자연 속에서 살아남기 위해 가시를 세우거나 냄새를 풍기거나 독성을 갖는 경우가 많기 때문에 강아지나 고양이 등 반려동물을 키우고 있다면 반려 식물을 들일 때 꽤 신중해야 한다.

푸르다 YouTube - 반려동물과 반려식물을 같이 키우려면
해당 내용에 대한 자세한 영상은 QR코드를 통해 볼 수 있습니다.

[반려동물에게 위험한 식물]

푸르다 매장에서 판매하고 있는 식물 중 독성이 있어 반려동물이 주의해야 하는 대표적인 식물을 몇 가지만 추려서 설명하려고 한다.

몬스테라 아단소니 오블리쿠아

몬스테라

식물에 대해서 잘 모르는 사람도 알고 있다는 몬스테라는 잎에 독성이 있기 때문에 씹어서 삼킬 경우 지나가는 모든 자리마다 자극을 준다. 구토, 설사 등의 증상이 나타날 수 있어 주의가 필요하다.

몬스테라

푸르다 YouTube - 몬스테라 잎 크게 키우는 방법
해당 내용에 대한 자세한 영상은 QR코드를 통해 볼 수 있습니다.

금전수

금전수는 개업식물로 인기가 매우 좋은 식물이다. 금전수도 마찬가지로 씹어서 삼킬 경우 지나간 자리에 자극을 줘 증상을 나타낸다. 애견동반 카페처럼 강아지나 고양이가 다니는 곳에 선물할 땐 같은 개업식물인 녹보수로 보내는 것을 추천한다.

금전수

녹보수

유칼립투스

유칼립투스는 매우 예쁘고 향이 좋지만 고양이와 강아지에게는 향이 섞인 성분은 좋지 않다. 유칼립투스 향을 넣은 에센셜 등도 있는데 이 역시 문제가 생길 수 있으니 주의가 필요하다.

유칼립투스 슈가검

유칼립투스 폴리안

수채화 고무나무

고무나무

고무나무는 잎을 뜯어먹어도 위험하지만 잎에서 나오는 하얀 액체가 독성이 강하다. 하얀 액체는 사람에게도 매우 위험해 호흡기로 들어가지 않도록 주의가 필요하며, 특히 어린 아이에게 닿지 않게 주의를 당부해야 한다.

인도 고무나무   알리 고무나무   뱅갈고무나무

푸르다 YouTube - 고무나무 8종 총집합
해당 내용에 대한 자세한 영상은 QR코드를 통해 볼 수 있습니다.

튤립과, 백합과, 진달래과

튤립에 있는 독소와 백합, 진달래에 있는 독소는 가볍게는 구토, 설사, 침흘림, 현기증 등의 증상을 보이지만, 심할 경우 급성신부전, 심장마비, 사망까지 이를 수 있다. 특히 고양이의 경우 백합을 담갔던 꽃병의 물을 마시고도 죽을 정도로 위험하기 때문에 뿌리부터 잎, 심지어 냄새까지도 맡게 해선 안 된다.

튤립

진달래

백합

홍콩야자

야자류의 식물은 반려동물에게 안전하다고 많이 알려져 있지만 홍콩야자는 강아지와 고양이에게 모두 위험하다.

홍콩야자

푸르다 YouTube - 홍콩야자의 모든것
해당 내용에 대한 자세한 영상은 QR코드를 통해 볼 수 있습니다.

포인세티아　　　　　　　아스파라거스 메이리

이 밖에도 가정에 하나쯤은 키웠던 행운목, 붉은 꽃이 매력적이라 크리스마스 식물로 인기가 많은 포인세티아, 아스파라거스 메이리 같은 구근식물도 동물에게 좋지 않기 때문에 식물 구매 시 꼭 확인하길 권장한다.

매장에서 고양이를 키운다는 손님과 대화를 하던 중에 있었던 일화를 말하자면 길고양이들은 식물을 물어뜯지 않는데 괜찮지 않냐고 물어본 경우가 있었다. 보통 길냥이들은 생존을 하기 때문에 독성이 있는 식물을 알고 피하지만 집냥이들은 자신의 영역에 새로운 것이 들어오면 관심을 갖는 경우가 많다.
게다가 식물은 흔들리는 경우가 많아 고양이의 관심을 더 끌기도 하며, 장난감이라고 생각하는 순간 사냥감으로 생각하여 물어 뜯기 때문에 더더욱 주의가 필요하다. 물론 그 손님은 이미 식물과 고양이를 같이 키우는 손님이었는데 안 물어 뜯는다던지, 물어 뜯어도 아무렇지 않았다고 얘기했다. 하지만 캣닢에도 관심이 있는 고양이와 없는 고양이가 있듯이 고양이마다 반응이 다르기 때문에 특히 처음 식물을 구매하는 집사님께는 신중한 구매를 권장하는 것이 좋다.

만약 이상 반응이 나타났는데 식물을 섭취한 것 같다고 의심이 된다면 가급적 빠른 시간 내로 병원을 방문해야 한다.

[반려동물에게 안전한 식물]

반려동물에게 안전한 식물도 생각보다 많다. 푸르다는 안전한 식물 중에서도 인테리어에 좋은 예쁜 수형의 식물을 추려 추천하고 있다.

야자과식물

아레카야자와 피닉스야자는 시원한 잎이 공간을 채워주어 인테리어 하기에 매력적이며, 실내 공기정화능력도 있는 식물이다. 흔들리는 잎에 고양이가 장난을 많이 치고 관심이 많기 때문에 고양이와 같이 키운다면 오히려 야자의 건강을 걱정해야 할 수도 있다. 관음죽은 암모니아 냄새를 잘 흡수하는 기능성 식물로 반 그늘에서도 잘 자라 창문이 있는 화장실이나, 거실 한 켠에서 키우기 좋다.

관음죽　　　　　　　　　　　　　　　피닉스야자

아랄리아

톱니바퀴 모양의 다크한 잎이 매력적이며 시크한 감성의 인테리어나무로 꾸준히 인기몰이를 하는 식물이다.

보스턴 고사리

보스턴 고사리는 잎이 아래로 처지는 수형으로 차분하고 아름다워서 높은 선반이나 걸이용 화분에서 많이 키운다. 증산작용이 뛰어나고 포름알데히드 제거 능력이 높아 담배연기도 제거할 수 있는 식물이다.

푸르다 YouTube - 고사리 키우기
해당 내용에 대한 자세한 영상은 QR코드를 통해 볼 수 있습니다.

필레아페페

잎이 작고 귀여워 인기가 많지만 고양이와 강아지한테 한 입이면 끝나기 때문에 반려 식물의 안전을 위해 동물의 손에 닿지 않는 곳에 두는 것을 추천한다.

올리브나무

올리브나무는 이소프레노이드라고 하는 화학물질이 있는데 이것이 캣닙의 활성 화학물질과 구조적으로 유사해 고양이들을 흥분하게 만든다. 때문에 고양이를 키우는 분들 중 식물 입문을 하고 싶다면 올리브나무를 적극적으로 추천한다.

물론 사람도 저마다 알러지 반응이 다르듯 안전한 식물이라고 하더라도 반응이 다를 수 있고 너무 많이 뜯어먹을 경우 탈이 날 수 있으며, 반려 식물의 안전도 해칠 수 있기 때문에 너무 뜯어먹게 두는 것은 권장하지 않는다.

삼한사 미세먼지 + 탄소중립

푸르다 매장에 방문하는 손님 중엔 구매하고자 하는 식물을 생각해서 오는 손님도 있지만 와서 구경하다가 구매하는 손님도 있다. 구경하는 손님들 중 가장 많이 하는 질문은 "공기정화에 좋은 식물이 뭐예요?"이다.

실내 공기정화의 중요성을 알고 공기청정기 대신 식물을 찾는 소비자가 늘어나고 있다. 1950년대부터 의사들은 실내 공기 오염이 알레르기나 다른 만성 질환과 관련이 있음을 밝혀낸 바 있다. 오늘날의 현대인들은 삶의 대부분을 실내에서 보내고 실내 공기 오염원에 노출되는 시간이 늘어남에 따라 수많은 알러지 종류에 반응하는 등 심각성이 증가했다. 실내 공기 오염의 주된 원인은 건축자재, 카펫, 타일, 세제, 복사기 등 현대의 여러 물건에서 배출되는 유기 화합물과 곰팡이 포자, 습도, 환기가 안 되는 밀폐된 장소다. 하지만 3일은 맑고 4일은 미세먼지가 가득하다는 의미인 삼한사먼이라는 신조어가 생긴 만큼 황사, 미세먼지 등의 문제로 환기조차 제대로 하지 않아 오염된 공기에 노출된 채 살아가고 있다. NASA에서는 우주선 내부의 공기에 300가지가 넘는 휘발성 유기화합물이 있다는 것을 확인하고 공기정화 방법을 찾다가 밀폐된 실험실에서 식물이 포름알데히드를 제거하는 효과가 있다는 연구 결과를 발표한 바 있다. 포름알데히드는 천식, 암, 만성 호흡기질환, 신경 심리학적 질환이 발생할 수 있는 물질이며 실내 공기에 있는 가장 일반적인 독소라 공기정화 식물의 순위를 매기는 기준으로 활용되는 물질이다.

NASA에서 발표한 공기정화능력이 탁월하고 미세먼지를 잡는 식물은 다음과 같다.

아레카야자 (areca plam) —— 8.5점

- 휘발성 화학물질 제거력 —— 8점
- 재배 및 관리의 용이성 —— 8점
- 병해충에 대한 저항력 —— 8점
- 증산율 —— 10점

아레카야자는 엄청나게 많은 수분을 공기 속에 내뿜고 공기 속의 화학적 독소를 없애는 능력이 탁월하다. 또한 반음지에서 잘 자라는 만큼 실내 환경에서 키우기 쉽고 잎의 곡선과 직선이 조화롭고 아름다워 인테리어 식물로 적합하다.

관음죽 (lady plam) ──────────── 8.5점

- 휘발성 화학물질 제거력 ──────────── 7점
- 재배 및 관리의 용이성 ──────────── 9점
- 병해충에 대한 저항력 ──────────── 10점
- 증산율 ──────────── 8점

관음죽은 실내에서 잘 자라고 암모니아 제거율이 가장 높아 화장실 근처에 두면 냄새까지 잡는다. 두껍고 윤기 나는 잎이 부채꼴로 자라 인테리어 포인트로 두기에도 적합한 식물이다.

대나무야자 (bamboo palm) ——————————— 8.4점

- 휘발성 화학물질 제거력 ——————————————— 9점
- 재배 및 관리의 용이성 ——————————————— 8점
- 병해충에 대한 저항력 ——————————————— 8점
- 증산율 ———————————————————————— 9점

실내 공기를 쾌적하게 만들기 충분한 양의 수분을 뿜어내 겨울철 난방으로 건조해진 실내 습도를 높이는데 매우 탁월하다. 가늘고 호리호리한 줄기가 모여 평화롭고 이색적인 열대 분위기를 연출하기 좋아 어떤 공간에도 잘 어울린다.

인도고무나무 (rubber plant) ──────────── 8.0점

- 휘발성 화학물질 제거력 ──────────────── 9점
- 재배 및 관리의 용이성 ──────────────── 9점
- 병해충에 대한 저항력 ──────────────── 8점
- 증산율 ──────────────────────── 7점

빛이 부족하거나 온도가 낮은 실내 환경에서도 잘 적응해 다른 식물들 보다도 키우기 쉬운 편에 속하며 포름알데히드 제거능력이 가장 탁월하다. 외관상 관상가치가 높아 건축가들과 실내 조경 디자이너들이 선호하는 거실 식물이다.

식물이 공기정화에 탁월한 능력을 갖고 있는 것은 사실이지만 실내에서 식물을 하나 키운다고 해서 실내의 공기가 모두 좋아지는 것은 아니다. 관련 자료를 찾아보면 평당 식물 1개 정도는 있어야 공기정화 효과를 볼 수 있고, 한 종류의 식물을 키우는 것 보다 다양한 식물을 같이 키우는 것이 더 효과적이다.

푸르다에서는 공기정화식물을 추천해 달라고 하면 어디에 두려고 하는지를 가장 먼저 물어본다. 그 이유는 식물마다 유해물질 제거 능력이 조금씩 다르며, 낮에 광합성 작용을 하는 식물이 있고 밤에 광합성 작용을 하는 식물이 있기 때문이다. 밤 동안 광합성 작용을 하는 선인장, 호접란, 다육식물, 산세베리아 등은 침실에 두는 것이 좋고 가스 사용으로 일산화탄소가 많이 생기는 부엌엔 스킨답서스를, 화장실 근처에는 냄새를 잘 없애는 관음죽, 테이블야자 등이 적당하다. 포름알데히드와 담배연기까지 잡는 뱅갈고무나무는 춥지 않고 햇빛이 잘 드는 거실에, 매연과 미세먼지를 잡는 팔손이 나무는 햇빛을 많이 요하기 때문에 베란다에 두는 등 식물의 생육환경과 특성을 고려하여 실내에서 키우는 것을 추천한다.

환경 문제에 경각심이 대두되고 기후 변화, 기후 위기의 문제가 이슈화될 때 식물의 수요가 늘어난다. 지구 온도 상승으로 2050년에 지구가 멸망할 것이라는 이슈가 발생하자 전세계는 이산화탄소를 줄이는 것에 목표를 둔 탄소중립제도를 시행한 바 있다. 탄소중립이란 인간의 활동에 의한 온실가스 배출을 최소화하고 이산화탄소를 흡수시키거나 제거하여 실질적인 탄소 배출량을 0으로 만드는 것을 말한다. 온실가스를 흡수하는 식물의 중요성이 대두되자 환경에 관심이 많은 손님들이 식물에도 시선을 돌리는 경우가 많다.

생태계의 생산자라고 불리는 식물이 없으면 인간은 살지 못한다. 지구가 처음 생겼을 때 지구엔 미생물 다음으로 식물이 생겼고 독성물질로 가득 찼던 지구를 생물이 살 수 있는 곳으로 만들어냈다. 식물은 광합성, 호흡, 증산작용을 통해 빛 에너지를 흡수하고 산소를 만들어내며 수분을 공기 중으로 분산시킨다. 이러한 활동을 통해 산소를 만들어내고 습도를 유지하는데 실제로 매년 지구상의 식물이 약 1.4톤의 산소를 공급하고 1.8톤의 이산화탄소를 제거한다. 때문에 식물 전문가들은 환경 문제가 지속되는 만큼 앞으로도 식물의 소비는 늘어날 것으로 예측한다.

이 밖에도 식물의 필요성과 중요성은 끊임없이 보고되고 있다. 실내에서 자연을 찾는 플랜테리어가 유행하게 되면서 건물이나 빌딩의 외관에도 식물 인테리어를 한 곳이 늘어났다. 플랜테리어를 위해 도심 속 건물 옥상에 정원을 만들자 옥상정원이 없는 건물에 비해 실내 온도가 0.2~0.5℃ 정도 낮아지고 습도는 2.8%가 높다는 연구결과가 나왔다. 옥상에 심어진 식물이 태양광을 막고 식물의 증산작용으로 온도를 낮춘 것이다. 이처럼 옥상에서 식물이 자라는 것만으로도 냉방비를 아낄 수 있고 실내에서 식물을 키울 경우 심각한 실내 대기오염과 미세먼지를 정화할 수도 있어 앞으로도 식물에 대한 관심과 수요는 계속해서 늘어날 것으로 예상된다.

남들과는 다른 것

전국 팔도 강원부터 제주까지

소비자가 원하는 것은 정해져 있다. 가지와 잎 모양이 자체만으로 매력적인 수형이 예쁜 나무, 트렌드를 따라갈 수 있는 계절 꽃과 열매, 그리고 나만이 가진 희소한 가치가 있는 식물. 가만히 자리에 앉아 소비자들의 선호도만 체크하고 있다면 절대 니즈를 충족시킬 수 없다. 우리는 그 많은 니즈를 충족하기 위해 시간과 체력을 아끼지 않고 매달 2만킬로를 운행하며 전국 팔도를 돌아다녔다. 보통 지방 출장을 위해 장거리를 가야 할 때는 2박 3일동안 식물 여정을 떠나곤 하는데 투자한 시간이 아깝지 않은 수확을 거둘 수 있었다. 서울 근교와 수도권 지역에도 숨은 농장이 많지만 따뜻한 남쪽 지방에서 기를 수 있는 식물군이 있다. 대표적으로 우리나라 고유의 수종으로 알려진 황칠나무는 남부 해안과 제주도에서 자생한다. 우리는 전라남도 완도 보길도에서 황칠나무 농장을 찾았고, 확연하게 나무의 품질이 좋아 대량 구입을 해서 판매했다. 그 해 푸르다의 황칠나무는 완판되었고, 현재까지도 황칠나무는 가장 잘 팔리는 품종 중에 하나이다.

필자와 강 대표는 국내시장을 거의 한 달간 함께 투어하며 공부도 했고, 전국 식물 매장들과 접촉하였다. 주변에서 이런 이야기를 들으면 '한 달씩이나?' 하고 믿지 못하는 눈치다. 하지만 정말 말 그대로 전국을 탐방했고, 농장마다 세세하게 파악하려고 노력했기 때문에 절대로 긴 시간이 아니다. 또 동네 근처 농장에 가는 것이 아니라, 500km는 거뜬히 떨어진 지역들을 방문하는 것이기 때문에 물리적인 시간 자체가 많이 들 수밖에 없다. 예를 들어, 일산에서 출발하여 대구, 울산을 들러 농장을 탐방한 뒤 거제, 통영까지 가서 진주에서 숙박을 하고, 완주, 서산, 평택을 거쳐서 다음날 일산에 다시 올라오는 일정이었다. 왕복 1,000km가 넘는 일정이지만 농장들을 직접 눈으로 보고 새로운 배움을 익힐

때면 언제 피곤했냐는 듯 눈이 반짝거리곤 했다.

농장들마다 특징들이 있는데, 각 농장은 10가지 내외의 식물들을 집중적으로 재배한다. 직접 눈으로 보고 각각의 특징들을 파악하고 꾸준히 시장조사를 하고 관계를 형성하며 '푸르다'의 식물군을 넓히고 재배 노하우와 관리방법을 적극적으로 배워오고 있다. 가장 많이 방문했던 농장은 평택에 있는 올리브 농장, 진주에 있는 대형 관엽 농장, 경북 밀양 쪽의 소재 농장들을 많이 방문하여 구입하였고 제주도에서는 야자, 아카시아, 올리브 등을 들여왔다. 완주에서는 유칼립투스, 아카시아 등을, 일산과 파주에는 고무나무, 열대 관엽들을 자주 보러 다닌다. 30여 개 도시에서 100여 개 이상의 식물 농장을 탐방하고, 비즈니스 협력 관계를 구축하여 지금도 유지하고 있고, 여기서 멈추지 않고 지속적으로 새로운 시장을 개척하고 있다. 그렇게 강 대표와 함께 투어하며 알게 된 팁들을 공유하고자 한다.

식물 어디에서 구할까?

화훼단지 내에 입점된 화원들은 중간 유통업체이기 때문에 농장보다 가격이 비쌀 수 있지만 농장을 일일이 찾아다니는 것도 시간과 비용이다. 하지만 특화된 식물을 재배하는 전문 농장을 찾으면 상태가 좋은 식물을 대량으로 구할 수 있어 안정적인 유통망이 확보된다.

식물 농장을 찾는 방법

첫째, 검색을 통해서 찾는 방법이다. 하지만 검색을 해도 나오지 않는 농장들이 대부분이다. 농장은 판매시설이 아니기 때문에 업체등록이 안 되어 있는 경우가 많다. 소비자가 방문해서 사는게 아니기 때문에 후기도 없다. 그래도 인터넷상에 나와 있는 경우가 종종 있으니 부지런히 포털에 검색해서 원하는 정보를 찾아야만 한다. 또한 심폴, 엑스플랜트와 같은 1세대 식물 거래 플랫폼에서 활동하는 농장을 찾는 것도 방법이다.

둘째, 거래하고 있는 농장주에게 소개를 받는 것이다. 동일 지역에 있는 농장들은 대부분 서로 알고 있는 경우가 많기 때문에 가장 실질적이며 정확한 정보를 얻을 수 있다. 보통 농장들은 취급하는 식물군이 정해져 있기 때문에 이외에 품목들에 대한 농장 정보는 공유해준다.

셋째, 시나 군청에 전화로 문의하는 방법이 있다. 예를 들어 거제에 유명한 올리브 농장이 있다는 소문을 들었는데 찾지 못하면 해당 관공서에 전화해서 물어보는 것도 방법이다.

넷째, 차를 타고 지나가다 보면 간판은 없지만 식물 농장으로 추정되는 비닐하우스들을 어렵지 않게 발견할 수 있다. 이 때 망설이지 않고 즉시 가보는 것이 우리가 터득한 빠른 농장 개척 방법 중에 하나이다. 계획해서 찾아가지 않더라도 주변에 대한 관심을 갖고 문을 두드리면 생각치 못한 보물을 우연히 발견하는 순간이 의외로 많았다.

판매할 식물을 선정하는 기준은?

첫째, 시장의 유통가격을 기준으로 가격이 저렴한지 판단한다.

둘째, 시장가보다 비싸더라도 수형이 예쁘면 가져온다. 같은 나무라도 모양에 따라 연출을 했을 때 받을 수 있는 가격이 달라지기 때문이다.

셋째, 식물이 얼마나 튼튼하고 오래 갈 수 있는지 봐야 한다. 간혹 예쁜 식물이라도 약해서 뿌리가 활착이 되지 않은 경우가 있고, 상태가 안 좋은 경우 가져오더라도 죽어서 손실을 볼 수 있기 때문에 식물의 건강상태를 꼼꼼히 체크해야 한다.

넷째, 벌레가 생겼는지, 병충해의 흔적이 있는지 잎의 뒷면까지 꼼꼼하게 살펴본다. 내가 가져오는 식물 말고도 농장이 보유한 다른 식물의 상태가 어떤지도 봐야 한다. 또한 농장 내부 환경이 얼마나 깔끔한지 확인하는 것도 중요하다. 푸르다는 농장에 가면 가장 먼저 보는 부분이 주변 상태다. 청결하게 유지되는 곳은 그만큼 나무 관리도 잘 되기 때문이다.

다섯째, 가격보다도 소비자들이 원하는 상품을 가져오는 것이 포인트이다. 소비자의 눈높이에 맞춰 식물의 선호도 조사와 시즌별 트렌드를 체크하는 것은 필수이다.

푸르다 YouTube - 크리핑로즈마리 디자인 식재하기
해당 내용에 대한 자세한 영상은 QR코드를 통해 볼 수 있습니다.

국경선을 넘어 해외 물색

왜 해외에서 식물/화분을 물색하게 되었는지?

국내시장에만 만족한다면 다양한 식물을 고객에게 소개할 수 없다. 우리나라는 식물의 유행이 빠르게 변하며, 식물 마니아들은 희소성 있는 식물의 소장 가치를 추구한다. 따라서 우리는 식물 트렌드에 맞춰 국내에서 찾을 수 없는 새로운 식물을 해외에서 수입한다.

안스리움 와로쿠아넘

식물

해외에는 국내에서 취급하지 않는 식물이 많이 있다. 개업 선물로 많이 나가는 뱅갈고무나무나 녹보수의 경우에도 대부분 해외에서 수입한 뒤 농장에서 배양해서 판매한다. 국내에 없는 신품종들은 해외에서 들여올 수밖에 없다. 특히 희귀식물의 경우 국내에 없는 품종들이 더욱 많기 때문에 해외에서 물색한다.

안스리움 럭셔리안스

화분

수제 화분의 경우 가격이 비싸고 공정 과정이 까다롭다. 대량으로 만들더라도 인건비나 자재비가 너무 높기 때문에 해외에서 수입하는 것이 훨씬 저렴하다. 화분 공장의 시설 투자금도 많이 들어간다. 국내에 대형 화분 브랜드가 없는 이유다. 해외는 화훼 시장이 발달되어 유럽이 대형 공장의 설비를 갖고 있기 때문에 저렴한 가격에 대량의 화분을 들여올 수 있다. 최근에는 베트남 토분이 가격이 저렴한데 질이 나쁘지 않아 많이 수입하고 있는 추세다. 푸르다는 무역을 해본 경험과 노하우가 있기 때문에 다양한 국가에서 수입을 하고 있다. 야외용 토분은 베트남에 주력, 실내 화분은 중국에 두고 있다. 유럽은 코로나 기간에 운송 시간이 길어져서 6개월에서 1년까지도 걸렸지만, 아시아의 경우에는 1달에서 3달이면 물건을 받을 수 있기 때문에 물류를 하기에 용이한 부분이 있어서 장·단점을 잘 활용했다.

해외 수입의 장점 몇 가지와 이유

해외 직수입을 하게 되면 다양성과 가격경쟁력을 갖출 수 있는 것이 장점이다. 결국은 고객의 니즈다. 고객이 원하는 품목을 찾는 것이다. 우리가 팔고자 하는 것을 파는 게 아닌 고객이 원하는 것을 끊임없이 찾는다. 종류의 다양성, 가격, 제품의 질 등 고객의 니즈에 맞춰서 수입한다.

수입 시 주의해야 할 점은?

1) 식물의 경우 농장과 직접 거래가 아니기 때문에 중간 거래상을 낄 수밖에 없다. 중간 거래 업체가 얼마나 믿을 수 있느냐가 수입에 있어서 가장 큰 관건이다. 직접 만나서 거래하는 것이 아니기 때문에 속는 경우가 많다.

2) 해외 현지 농장에서 수출을 해 봤는지를 잘 점검해야 한다. 경험이 없는 곳에서 진행할 경우 통관이 안 될 수 있다. 통관이 되더라도 패킹의 노하우가 없어 식물의 상태가 좋지 않을 수 있다.

3) 운반비, 수수료 등의 물류 비용을 잘 확인해야 한다. 제품 매입 비용만 있는 게 아니라 수입을 하는데 들어가는 거래비용이 있기 때문에 구매하는 물건의 비용보다 수수료, 운송비 등의 부대비용이 더 커질 수 있다.

4) 살아있는 식물의 특성상 수입하는 시기를 잘 선택해야 한다. 여름의 경우 너무 더워서 뿌리가 녹는 경우가 있고, 겨울의 경우 너무 추울 때 수입을 하면 식물이 냉해를 입을 수 있다. 그래서 식물을 대량으로 수입하는 경우에는 리퍼 컨테이너를 활용하는 것도 방법이다.

   * 리퍼 컨테이너(Reefer Container) : 운송기간 동안 필요한 온도 -30℃와 +30℃ 사이로 화물을 유지할 수 있는 냉장, 냉동 컨테이너

5) 수입금지품목인지 아닌지를 확인해야 한다. 식물은 국가 별로 수출입 기준이 다르다. 해외 국가에서는 수출을 할 수 있지만 한국에서는 수입이 금지된 품목일 경우 반송될 수 있다. 최근 희귀식물 거래가 많아지면서 수입이 가능한 나라와 품목 규정이 계속 변하고 있다.

6) 화분의 경우 파손이 많기 때문에 일반적으로 10% 정도의 화분을 더 보내주는 경우가 많으며 파손 확률을 줄이기 위해 현지에서 물건의 상태를 검수하여 포장상태까지 확인시켜주는 곳을 이용하는 것이 좋다.

Part 3.

푸르다가 선정한 식물과 화분

푸르다의 식물

희귀식물

희귀식물을 취급하게 된 계기

식물에 대한 다양성을 추구했다. 분재, 관엽, 야생화, 아프리카식물. 그 다음이 희귀식물이었다. 유튜브에서 '희귀식물 경매'라는 새로운 콘텐츠에 도전했다. 2022년부터 유튜브로 인한 식물 판매가 증가되었고 대표적인 것이 분재인데 경매로 많이 판매되는 것을 보고 착안해서 최초로 희귀식물 경매를 했다. 소비자들은 꼭 비싼 식물이 아니더라도 다양한 식물, 희소성이 있는 식물을 원하기 때문에 시작했고 센세이션을 일으켜 큰 매출을 냈다.

희귀식물 시장 상황

희귀식물 시장은 코로나 때 많은 성장을 했다. 코로나가 풀리면서 가격이 떨어지며 2023년 이후 금리가 올라가면서 최악의 상황이 되었다. 대표적인 식물인 몬스테라 알보의 경우 장당 50만 원에서 10만 원까지 떨어졌다. 이렇듯 유행에 민감한 재테크 식물들은 등락 폭이 있고 유행의 흐름에 따라서 변화한다. 하지만 새로운 상품은 계속해서 등장하고 좋을 때와 안 좋을 때는 항상 있는 거기 때문에 지금의 시장은 안 좋지만 우리는 더 많은 준비를 하고 도전을 할 것이다.

희귀식물 마니아층의 특성

식물을 진짜 좋아해서 돈 보다는 새로운 식물 종에 대한 탐구를 해보고 싶은 층이 있고, 돈의 가치로 인해서 식물 자체의 매력보다는 재테크에 목적을 두는 부류가 있다.

이들의 식물 거래 방식은 아래와 같다.

1) 유럽이나 미국을 통해서 모종을 직접 수입하는 경우 (직수입)
2) 개인이 번식시킨 식물을 구입하는 경우 - 식물 마니아들도 그들만의 커뮤니티 공간에서 거래를 한다. (직거래)
3) 시중 업체를 통해 구매한다. 이들도 수익창출을 위해 블로그, 카페, 오프라인 마켓을 열어 판매를 하기도 한다.

희귀식물 시세와 식테크

1) 당근마켓이나 중고나라와 같은 개인 간의 거래 시세 확인
2) 심폴, 엑스플랜트와 같은 식물거래플랫폼을 활용한 시세 확인
3) 식물 오프라인 매장을 통해 시세 확인
4) 식물 애호가들의 플리마켓 시세 확인

최근에는 대형몰(아이파크)에서도 플리마켓을 한 사례가 있다. 푸르다에서 추구하는 식테크는 건강한 재테크다. 가격의 흐름보다는 좋아하는 식물을 키워보고 다시 그것을 판매할 수 있는 것. 푸르다에서 갖고 있는 희귀식물 배양 노하우를 상세하게 오픈하여 가드닝 클래스도 진행하고 있다. 푸르다는 직수입을 하기 때문에 가격 높낮이에 대한 민감도를 가지기 보다는 다양한 식물을 취급하는 데에 의미를 둔다.

푸르다매장에서 진행한 플리마켓

푸르다 YouTube - 희귀식물 플리마켓
해당 내용에 대한 자세한 영상은 QR코드를 통해 볼 수 있습니다.

희귀식물 구매 팁

1. 뿌리가 많은지
2. 벌브가 두꺼운지 - 두꺼울수록 힘이 좋고 뿌리 발달이 좋다.
3. 잎의 크기가 큰지 - 잎의 크기가 클수록 뿌리 발달이 좋다.
4. 흙에 심어진 날짜 - 흙에 심고 바로 분양받으면 몸살이 올 수 있다.
5. 모주의 사진 - 모주는 삽목 개체의 미래 모습이다.

희귀식물 번식 팁

식물을 처음 커팅하고 삽목할 때

난석 위주로 심으면 뿌리가 녹을 위험이 없다. 하지만 어느 정도 뿌리가 형성되었다면 난석 위주의 흙인 경우 새 잎이 나오지 않는 경우가 있으니 이 경우 상토의 비율을 높여 주어야 한다.

한 여름에 삽목할 때

뿌리 감염 우려가 높아지기 때문에 봄, 가을 등 선선한 날씨에 삽목하는 것이 안전하다. 만약 어쩔 수 없이 여름에 삽목을 하게 된다면 살균제로 살균 후 삽목을 하여야 녹지 않는다. 살균제로는 '아그리마이신'을 사용하면 된다.

몬스테라 썩어가는 줄기

몬스테라 알보

희귀식물 배양 팁

[몬스테라 알보]

1. 광량이 매우 중요하다.

    햇빛이 잘 들지 않는다면 식물 등을 사용하여 빛을 주는 것을 추천한다. 만약 광량이 부족한 상태에서 물을 많이 줄 경우 잎이 탈 수 있다. 물은 항상 흙이 70~80% 마른 다음 흙이 흠뻑 젖을 정도로 관수하는 것이 좋다.

2. 일정한 온도에 새순이 나온다.

    온도가 높거나 너무 낮을 경우 생장을 멈출 수 있다.

    적정 온도는 20~25 ℃이다.

3. 유묘 단계와 순화 단계에서는 비료를 사용하지 않는 것이 좋다.

    뿌리 활력제 정도만 사용하고 뿌리가 안정되고 잎이 잘 자라나면 그 때 비료를 주는 게 좋다.

4. 뿌리가 가득 찬 뒤에 분갈이를 한다.

    옮기는 화분의 크기는 식물의 1.5배 정도의 사이즈를 추천한다.

[안스리움]

1. 선선한 온도를 유지한다.

   열대우림 그늘에서 자라는 식물이다. 보통 가을 정도의 선선한 온도에서 잘 성장하는 편이다. 여름철 무더운 날씨에는 잎이 쭈글쭈글해지며 온도가 높아지면 세균으로 인해 줄기가 녹아서 죽는 경우도 있어 여름에는 적정 온도를 맞춰주는 등 각별한 관리가 필요하다.

2. 습도 관리가 중요하다.

   실내 습도에서도 무난하게 자라는 안스리움 종으로는 크리스탈 호프, 클라리네비움, 비타리폴리움 등이다. 습도를 높게 유지해줘야 하는 안스리움 종으로는 리갈레, 와로쿠아넘, 베쎄, 파필릴라미넘, 에이스오브스페이드 등으로 실내 습도를 높여줄 가습기가 필수적이다.

3. 배수가 잘 되는 흙을 사용한다.

   배수가 잘 되는 바위나 나무에서 뿌리를 내리고 사는 식물이므로 과습이 되지 않도록 배수에 신경을 쓰는 것이 중요하다. 푸르다에서는 난석을 30~50% 정도 섞어 식재한다. 우동 뿌리를 가진 안스리움은 난석 3 : 녹소토 3 : 펄라이트 2 : 바크 2 비율의 배합토를 사용하고 있다.

푸르다 YouTube - 안스리움 종류 & 흙배합 알아보기
해당 내용에 대한 자세한 영상은 QR코드를 통해 볼 수 있습니다.

안스리움 파필릴라미넘

안스리움 와로쿠아넘

안스리움 베쎄

안스리움 에이스오브스페이드 하이브리드

희귀식물 수입 경험담 (시행착오)

보통 식물 수입을 하는 다른 업체에서는 한 나라와의 거래에 초점을 두지만 푸르다는 각 나라가 가진 식물 종류의 특성이 다르기 때문에 다양한 나라에서 수입을 시도했고 그만큼 여러가지 실패를 경험했다.

베트남의 경우 테스트로 수입한 샘플 식물은 잘 들어왔는데 테스트 후 들여온 식물에서 선충이 나와 대량 폐기를 했다. 중국의 경우 통관은 되었으나 식물의 상태가 너무 안 좋아 대부분 죽은 경우도 있다. 인도네시아의 경우 수입을 한 후에 가격이 급락하여 큰 피해를 본 적이 있다.

수입식물 삽수

희귀식물 판매 방법
(오프라인 식물 마켓, 유튜브 라이브방송을 통한 경매)

1. 온라인을 통한 판매 : 스마트스토어, 심폴/엑스플랜트/푸르다마켓 플랫폼, 인스타그램, 블로그, 유튜브를 통해 팔았다. 특히 유튜브 경매는 업계 최초의 시도였으며 성공적이었다. 오랜 준비로 다양한 식물군을 구비했고 여러 온라인 샵에서 꾸준한 판매를 해온 것과 희귀식물 클래스를 통해 구매 고객층을 사전에 많이 확보해 둔 것이 효과가 있었다.

2. 오프라인을 통한 판매 : 플리마켓을 열어 눈으로 직접 보고 살 수 있는 오프라인의 장점을 어필했다. 또한 희귀식물 클래스를 통해 희귀식물을 배양하고 번식하는 노하우를 공개하면서 내방 고객이 많아지게 되었다. 특히 와디즈에서 진행했던 희귀식물클래스는 기대 이상의 성과를 달성했다.

푸르다의 방향성

한 품목에 국한되지 않고 계속해서 다양한 식물들을 수입할 것이다. 희소한 식물들을 최대한 발 빠르게 알아보고 건강한 상태로 들여와 합리적인 가격에 판매하는 것이 목적이다. 식물을 좋아하지 않는 사람들도 관심을 갖게 하고 번식 방법과 재배 노하우를 지속적으로 공유하여 많은 사람들이 다양한 식물에 더 관심을 갖게 하는 것이 목표다.

아카시아 아필라

호주, 뉴질랜드 식물

아카시아, 유칼립투스, 소포라

관리하기 힘든 식물군이지만 인스타그램에서 힙한 감성식물로 떠오르며 대중에게 인기가 많다. 식물의 특징, 생육환경을 이해하고 키우는 환경에 대한 철저한 1:1 컨설팅이 필요하며 상세한 관리카드를 제공하여 판매해야 한다.

삼각잎 아카시아

아카시아 벅시폴리아

소포라

유칼립투스

아카시아, 유칼립투스

호주산으로 일년 내내 봄과 가을같이 따뜻하지만 바람이 많은 곳에서 사는 것이 특징이다. 겨울철이 되어 온도가 낮아지면 성장을 멈추고 동면을 하지만 추위에 약한 식물은 아니기 때문에 베란다에서 키우는 편이 더 좋다. 실내로 들여 놓으면 햇빛을 제대로 받지 못하고 바람을 느끼지 못해 좋지 않다. 특히 아카시아의 경우 과습과 건조, 바람에 대해서 매우 예민한 식물이기 때문에 실내에서 키우기에는 어려움이 있다. 유칼립투스는 조건이 맞지 않더라도 많은 관심을 주고 관리를 한다면 실내에서도 키울 수 있다. 바람 역할을 하는 서큘레이터를 통해 공기 순환을 계속해서 시켜주는 것이 좋으며, 식물 성장 등을 준비하여 인공적으로 계속 쐬어 주어야 한다. 유칼립투스와 아카시아는 물을 매우 좋아하는 식물이다. 여름철에는 흙이 완전히 마르지 않도록 건조에 유의해야 하며 겨울철에는 물 마름이 더디기 때문에 관수 주기를 늘려 과습에 주의해야 한다. 겨울철 물주기를 잘못해서 과습이 오면 잎에 수포 현상이 나타날 수 있다. 이 때는 인위적으로 공기순환을 시켜주고 빛을 더 많이 쐬어주면 해결이 가능하다. 겨울철을 대비하여 가을에 분갈이 할 때는 배수가 좋도록 상토 70%, 마사토 30%로 배합하는 것이 좋다. 화분의 경우 통풍이 잘 되는 화분을 쓰는 것이 좋기 때문에 유약화분이나 철제, 시멘트 화분은 피해야 한다.

소포라

소포라

소포라는 뉴질랜드가 원산지이며 콩과 식물에 속하는 작은 나무과 관목이다. 철사 같은 나뭇가지가 독특하며 실내 식물로 분재 예술에도 사용될 만큼 미묘한 우아함이 있다. 밝은 간접광에서 잘 자라며 과도한 습도 없이 일정한 신선도를 유지해야 한다. 너무 따뜻한 것을 좋아하지 않아 3~10도 정도의 시원한 온도가 적당하다. 건조에 강하기 때문에 물을 너무 흠뻑, 자주 줄 필요가 없다. 흙이 말랐는지 확인하고 겉 흙이 촉촉하게 젖을 만큼 물을 주면 된다.

청짜보

분재와 야생화

청짜보, 피라칸사, 꼭지윤노리

분재란 화분에 나무를 심어 노거목의 특징과 정취를 축소시켜 가꾼 것과 그 고태미를 느낄 수 있는 나무를 가꾸는 원예 기술을 말한다. 보통 분재는 올드하고 나이 든 사람들의 취미생활이라는 고정관념이 있다. 우리는 이 고정관념을 깨기 위해서 누구나 일상에서 다룰 수 있는 생활 분재를 연구하며, 대중이 원하는 분재를 연출한다. 향이 좋은 꽃을 피우는 나무, 알록달록 다양한 색감의 열매를 맺는 나무, 손톱만큼 작은 크기로 여심을 자극하는 나무 등 여러 연령층을 고려하여 다양한 소비자의 취향을 파악하기 위해 여러 소재의 나무들을 광범위하게 다루고 각각의 나무들을 어울리는 화기에 심어 연출한다.

청짜보

피라칸사

꼭지윤노리

푸르다 YouTube - 나만의 미니분재 만들기
해당 내용에 대한 자세한 영상은 QR코드를 통해 볼 수 있습니다.

청짜보

청짜보

남녀노소 모두가 찾는 푸르다의 대표적인 분재로 고목의 운치를 좋아하는 취미 분재인에게는 30년 이상의 잘 가꾸어진 짜보가 사랑을 받으며, 젊은 층에게는 한 손에 쏙 들어오는 작은 크기에서 오는 귀여움 때문에 미니 짜보가 인기가 좋다.
키가 잘 자라지 않는 청짜보는 10년의 세월이 흘러도 주먹만한 사이즈를 유지한다.

3살 청짜보

10살 청짜보

20살 청짜보

청짜보는 사시사철 푸른 잎을 보여주며 붉은 수피가 매력적이다. 햇빛을 매우 좋아해 빛이 많이 들어오는 곳에 자리하는 것이 좋고 햇빛을 많이 받을수록 더 진한 초록색 잎이 나온다. 생명력이 강하며 키우기가 쉬운 편이지만, 물을 좋아하는 나무로 마르지 않게 관리해야 한다. 특히 미니 분재의 특성상 화분이 작기 때문에 흙이 빨리 마르는 만큼 물주기를 자주해야 한다.

푸르다 YouTube - 귀여운 청짜보 식재 & 관리법
해당 내용에 대한 자세한 영상은 QR코드를 통해 볼 수 있습니다.

피라칸사

피라칸사

피라칸사는 '피라칸타, 피라칸사스'라고도 불리며 여름에 작고 하얀 꽃이 피었다가 가을이 되면 빨강색, 주황색, 노랑색으로 잘 익은 열매를 보여주며 인기몰이를 하는 분재다. 열매가 무성하게 열려 관상가치가 높고 과실수 중에서도 키우기 쉬운 편에 속해 꾸준히 인기가 많다. 작은 열매 나무의 모습으로 사랑스러운 미니 피라칸사는 젊은 층에게 인기가 좋으며, 중품에 목대가 잘 형성된 피라칸사는 고급스러운 느낌이 들어 선물용 분재로 판매가 잘 된다. 노지 월동이 가능하며 정원수로도 활용되는 나무이기 때문에 밖의 환경과 유사하게 일조량이 풍부할수록 좋고, 통풍이 잘 될수록 좋다. 특히 꽃과 열매를 맺는 피라칸사는 물과 햇빛을 좋아한다. 겨울처럼 건조한 날 물을 주지 않으면 잎이 누렇게 되기 때문에 물주기를 놓치지 않도록 흙마름을 계속 관찰하는 것이 중요하다.

꼭지윤노리

꼭지윤노리는 한국이 자생지로, 윷을 만들기 좋은 나무라 하여 윤노리나무라는 이름이 붙었다. 늦봄인 5월에 흰색 꽃이 피며, 여름에 붉은 열매를 맺고, 가을엔 잎이 단풍이 지다 겨울이 다가올수록 잎이 하나 둘 떨어져 빈 가지를 보여주기 때문에 사계절 내내 키우는 재미가 있는 식물이다.

백화등, 긴꾸따루, 싸리

야생화는 우리 말로는 들꽃이라고 불리는 자연상태 그대로 자라는 식물을 의미한다. 보통 꽃이 피는 시기에 따라 봄, 여름, 가을, 겨울 야생화로 구분한다. 겨울에 꽃을 피우는 야생화는 겨울철 베란다 월동도 가능하다. 새 잎이 나거나 꽃이 필 때 건조해지지 않게 물주기를 규칙적으로 해야 하며, 이 때 진딧물에게 취약하기 때문에 통풍을 잘 시켜줘야 한다.

백화등

5~6월에 향기로운 재스민 향의 하얀 꽃이 피는 백화등은 화려하고 아름다워 인기가 많은 덩굴성 식물로 늘어지는 수형이 멋스럽다. 번식력이 좋고, 생명력도 좋아 초보자에게도 권할 수 있다. 남부지방의 숲에서 바위나 나무에 붙어 자라는 나무라 햇빛과 물을 좋아하지만 햇빛이 부족한 환경에서도 잘 자라며 물 마름을 잘 견디는 기특한 식물이다. 하지만 꽃을 피우기 때문에 적당량의 햇빛은 필요하며, 물을 충분히 주는 것이 좋다.

긴꾸따루

여름에서 가을 사이에 계속해서 노란색 꽃이 피는 긴꾸따루는 꽃을 길게 볼 수 있는 고마운 꽃나무 중 하나다. 여리여리하게 여러 갈래로 길게 뻗은 가지의 수형이 감성적이어서 선이 예쁜 인테리어식물로 꼽힌다. 자연스러운 질감의 베트남토분에 심었을 때 가장 잘 어울린다. 건조에 강한 나무로 과습에 주의해야 하며 반양지에서 키우는 것이 좋다.

싸리

매년 겨울 푸르다의 베스트셀러 나무이다. 콩과식물로 피는 꽃의 색상에 따라 보라싸리, 흰싸리, 분홍싸리로 불리며 작은 꽃이 빼곡히 흐드러지게 피어나 만개했을 때 환상적이다. 1월부터 꽃이 피기 시작해 2월부터 3월까지 약 2달 정도 꽃을 볼 수 있어 감상 기간이 길다. 꽃이 없을 때도 늘어지는 줄기의 선과 수형이 아름다워 SNS에서도 인기가 많다. 싸리나무도 꽃을 피우기 때문에 햇빛을 매우 좋아하며 과습을 예방하기 위해 배수가 잘 되는 흙과 화분을 쓰는 것이 좋다.

푸르다의 화분

이상과 현실은 다르다

수제화분 제작하게 된 계기

국내 화분의 시장 활성화를 위해 도전했다. 유명한 수제화분들이 몇 가지 있긴 하지만 가격이 고가이고 한정적인 수량만 판매해서 아쉬움이 있었다. 실질적으로 푸르다에서 식물을 판매하려다 보니 식물에 딱 맞는 화분이 별로 없어서 디자인이 한정적이었다. 금액대를 낮춰 기존 프리미엄 브랜드보다 합리적이면서 가드너들이 원하는 실용적이며 기능적인 제품을 만들고 싶어 제작하게 되었다.

도예 작가 컨택 방법

이천 도자기마을을 찾아 다니며 10명이 넘는 도예가들과의 미팅을 가졌다. 공방 뿐만 아니라 흙 공장, 자재 집을 찾아 다니며 5명에게 샘플 작업을 의뢰했고 그 중에 푸르다의 가치와 가장 잘 맞는 화분을 제작한 도예 작가와 본 작업을 진행했다. 새로운 디자인을 반영하기 위해 국내에서 유통되는 흙을 거의 다 써보며 원하는 질감을 찾고, 다양한 유약을 사용하여 색감 테스트를 거쳤다.

푸르다 수제화분 콘셉 (디자인 / 기능)

우리나라에서 물레로 빚은 수제토분 중에 가장 작은 토분(지름 6CM)과 가장 큰 토분(지름 29CM)을 갖고 있다. 초소형부터 대형까지 다양한 사이즈의 화분을 제작했을 뿐만 아니라, 심플한 디자인부터 오브제로 활용해도 손색이 없을 만한 화려한 디자인 화분까지 5차례에 걸쳐 다양한 컬렉션을 선보였다.

고화도 토분 - 오리지널, 심플디자인, 오브제 라인

저화도 토분 - 테라코타 라인

유약분 - 에나멜 라인

그럼 푸르다 수제토분만이 가지는 특별함에 대해 조금 더 살펴보자.

첫째, 친환경 흙을 사용하여 물 마름이 좋고 통기성이 좋다.

둘째, 넓은 배수 구멍과 숨구멍으로 수분 배출이 용이하다.

셋째, 뿌리가 자라도 부담이 덜한 넓은 화분통을 가졌다.

넷째, 식물을 식재하기 편한 넓은 화분 입구를 가졌다.

다섯째, 높은 온도에서 구워 내구성이 강하다.

여섯째, 시중에서 보기 힘든 수제토분의 색감을 가졌다. 흙의 자연스러운 컬러와 거친 질감을 그대로 표현하여 식물과 잘 어우러진다.

일곱째, 다양한 디자인 컬렉션이 있어 인테리어 콘셉에 맞게 선택할 수 있다.

여덟째, 40년 이상의 경력을 가진 도예 장인이 물레에 돌려 손으로 하나하나 만들었다. 공장에서 틀에 찍어내는 대량 생산 방식이 아닌 100% 물레 성형한 수제 화분이다.

현재 대한민국에서 수제 화분 브랜딩에 성공한 회사들은 자체적으로 공방을 운영하는 회사들이 대부분이다. 새로운 디자인, 새로운 흙과 안료를 활용하여 보다 선도적인 방향성을 제공해야 한다. '푸르다'에서는 이 모든 것들을 고려하여 공예디자이너, 가드너, 도예가 세 분야의 전문가가 힘을 합쳐 수제 화분을 만든다.

LOOK BOOK

OrigInal Design Line

오리지널

식물을 심기에 가장 잘 어울리는 기본적인 디자인 화기로 구성한 컬렉션이다. 기본팟과 원통팟은 화분 입구에 링을 두른 타입으로 투박하지 않고 귀여운 느낌을 준다. 러플 모양의 플라워팟은 깔끔하게 떨어지는 기본 쉐입과 배가 볼록하게 나온 항아리팟이 있다. 꽃 식물을 심었을 때 잘 어울리는 디자인으로 사랑스러운 느낌을 준다. 로우볼팟은 어떤 식물을 심어도 완벽하게 소화해 낸다. 어떤 식물을 심을지 크게 고민을 하지 않아도 돼서 사용이 편리해 가장 많이 판매된 화분이다. 볼팟은 공처럼 둥글게 생긴 입체형 화분으로 사과를 한 입 베어먹은 모양을 떠올려 독특한 입구를 만들었다. 덕분에 푸르다만의 특별한 시그니처 화분으로 손꼽힌다.

Basic Pot
기본팟

Cylinder Pot
원통팟

Flower Pot
플라워 기본팟

Low Ball Pot
로우볼팟

Flower Jar Pot
플라워 항아리팟

Ball Pot
볼팟

LOOK BOOK

Simple Design Line

심플디자인

과하지 않은 깔끔한 스타일을 원하지만, 약간의 디자인이 가미된 화분을 찾는 분들을 위해 제작한 심플 디자인 화기 컬렉션이다. 절제된 미가 오히려 세련된 느낌을 주어 여러 차례 전량 품절이 되었던 화기이며, tvN 드라마 작은아씨들에도 협찬이 되었다. 컬러는 아이보리, 블랙, 베이지 모던한 느낌을 주는 색감으로 제작했다. 실린더팟은 베이직한 원통형으로 군더더기 없이 깔끔하다. 수반팟은 심플 디자인 컬렉션에서 인기도 1위를 차지한 화분으로 활용도가 높다. 양치류나 선인장 합식과 같은 연출이 가능하며 아래로 늘어지는 수형의 식물과 매칭했을 때 정말 아름답다. 콤팩트팟은 식물을 심지 않아도 그 자체만으로 특별한 디자인으로 키가 큰 식물을 매치했을 때 잘 어울린다. 와인잔팟은 글라스의 디자인을 본 따 조금 더 볼록하게 제작했고 밋밋함을 없애기 위해 띠를 하나 둘러 완성시켰다. 둥근팟은 단아한 느낌이 들어 난을 심었을 때 잘 어울린다.

Cylinder Pot
실린더팟

Water tray Pot
수반팟

Compact Pot
콤팩트팟

Wineglass Pot
와인잔팟

Round Pot
둥근팟

tvN 드라마 '작은아씨들' 협찬

tvN 드라마 '작은아씨들' 협찬

LOOK BOOK
Objet Line

오브제

식물을 심지 않고 소품으로 두어도 될 만큼 화려한 디자인을 담았다. 그리스팟은 엔틱한 트로피 모양에 푸르다 화기의 트레이드마크인 동그란 입체감을 넣어 완성했다. 생소한 디자인 때문에 호불호가 갈릴 거라 예상했지만 디자인 취향을 공감 해주신 분들께 많은 사랑을 받은 화분이다. 피쉬볼팟은 어항을 표현한 디자인으로 만들어졌으나, 칼선을 넣으면서 곰돌이 푸의 꿀단지를 연상케 한다. 라인팟은 S자 모양의 라인으로 레이어드 된 특별한 디자인이다. 플레인팟은 평지라는 뜻으로 납작한 화분 입구가 특징이다. UFO팟은 우주선 모양으로 귀여운 느낌이 든다. 러플팟은 둥근 형태의 꽃 모양으로 아기자기하다. 플라워팟은 느슨한 러플 모양에 길쭉하고 각진 형태의 화분이다. 사각수반팟은 수반팟의 각진 버전이며, 볼팟은 시그니처 디자인으로 오리지널 컬렉션에 이어 다시 한번 재구현했다.

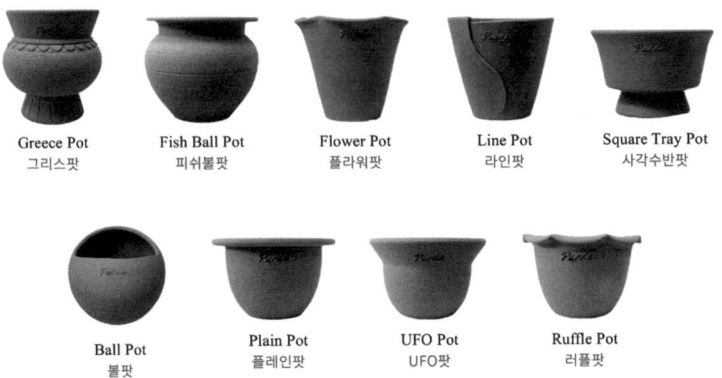

피쉬볼팟

오브제라인

LOOK BOOK

Enamel Line

에나멜

저온에서 초벌 후 유약을 발라 고온에서 재벌 소성하여 제작한 유약 화기이다. 유약 시유를 하여 색감이 아름다우며 인테리어용으로 많이 사용된다. 파스텔 톤과 짙은 컬러 두가지 타입을 사용해 컬러 별로 다른 느낌이 난다. 또한 높은 온도에서 구워 내 내구성이 매우 좋고 오랜 기간 사용하더라도 흙물, 곰팡이, 백화현상이 없어 색 변함이 나타나지 않는 것이 가장 큰 장점이다. 하지만 유리 막을 형성하기 때문에 화분 자체에는 통기성이 없어 물을 좋아하는 식물을 심거나, 배수에 좋은 흙을 사용해야 한다. 롱팟은 키가 큰 식물을 심기에 적합한 화분으로 기다란 선을 강조하여 연출하기에 좋다. 오브제팟은 인테리어 소품 같은 생김새로 화분이 아닌 것 같지만 실제로 어울리는 식물이 많아 다양하게 식재하여 활용하고 있다. 고블렛팟은 분재 화분처럼 다리를 만들어 캐주얼한 느낌을 없애고 동양적이며 고급스러운 느낌을 냈다. 내추럴팟은 각을 없애 자연스러운 흐름으로 부드러운 연출이 가능하다. 보틀팟은 넓은 물병 모양으로 뿌리가 큰 식물을 심기에 적합하도록 만들었다.

Long Pot
롱팟

Objet Pot
오브제팟

Goblet Pot
고블렛팟

Natural Pot
네추럴팟

Bottle Pot
보틀팟

고블렛팟

오브제팟

롱팟

LOOK BOOK
Terracotta Line

테라코타

통기성과 합리적인 가격에 초점을 맞추어 제작한 화기다. 일반적인 저화도 화분보다 조금 더 높은 온도인 1,100도에서 소성해 저화도분의 단점인 내구성을 보완하여 견고하게 만들었다. 비교적 낮은 온도에서 한 번만 구워 내기 때문에 고화도 화분에 비해서는 내구성이 약하지만 통기성이 매우 좋으며 가격이 저렴하다는 장점이 있다. 기본적이면서도 실용성이 좋은 9가지의 디자인으로 초보자부터 베테랑 식물집사까지 모두가 부담없이 이용하고 있다.

푸딩팟

로우볼팟

미니어처

6CM의 초미니 사이즈의 수제토분 컬렉션이다. 수반팟의 초소형 버전이며 링이 있는 타입, 칼선을 넣어 스트라이프 패턴을 가진 타입으로 작지만 디테일이 살아있다. 손톱만큼 작은 미니 식물들이 유행하면서 제작되었다.

수백 번의 시행착오

화분 재질(흙) 선택 방법

흙 선택과 온도 선택이 제작과정에서 가장 어려웠던 점이다. 흙의 종류가 생각보다 다양하고, 흙이 갖고 있는 성질의 차이를 이해하기가 힘들었다. 흙 공장에 가면 여러 흙의 종류가 있으며 가마 소성을 했을 때에 나오는 소지색상표가 있다. 그런데 이를 참고해 원하는 흙을 고르더라도 가마 소성 방식과 온도에 따라 색상 차이가 많이 나서 실질적으로 샘플 작업을 해봐야만 정확한 색상을 알 수 있다. 굽는 온도와 시간, 가마 종류에 따라서도 색상이 달라질 수 있기 때문에 여러 차례 공을 들여 실제로 구워봐야 한다. 온도 변화에 의한 색상 변화가 생각보다 크고, 색상뿐만 아니라 화분 표면의 질감도 체크해야 한다. 또한 고온으로 구울 경우 파손율이 높아서 다양한 온도에서 테스트가 필요하다. 또한 굽고 난 후 식물을 심어 사용해보고 물 마름과 배수가 잘 되는지, 흙 물이 들거나 백화현상이 어느정도 발생하는지 시간을 두고 테스트를 해야 하므로 화분 하나를 제작하는데 생각보다 오랜 시간이 걸린다.

푸르다 수제 화분 제작 공정 과정

1. 디자인 스케치

2. 흙 선택

3. 물레 성형

4. 샘플 가마

5. 사용 테스트

6. 수정

7. 완성품

공예 디자이너가 화분의 모양과 가장 이상적인 비율을 찾아 스케치하고 색상과 질감을 선정한다. 이후 도예 작가와의 미팅을 통해 흙의 종류와 가마 소성 방식을 논의하고 물레로 디자인을 구현해본다. 0.5mm씩 미세한 차이를 두며 화분의 모양을 다듬는다. 도화지 속 그림을 실제 크기를 감안하여 도면에 옮기고 흙을 빚어 물레 성형한다. 7일 동안 화분을 건조시킨 후 화분이 굳으면 가마에 24시간 굽는다(유약 화분의 경우 유약을 칠한 후 재벌(2차 소성)하여 더 오랜 시간이 걸린다). 가마 소성 후에 화분의 크기, 색상, 질감 등을 확인해 수정할 부분을 체크한다. 배수와 변색 등 화분의 기능성을 체크하고 식물과의 어울림을 다시 한번 확인하기 위해 1달간 사용해보고 다시 앞의 과정을 반복하여 완성에 이른다. 수제 화분의 제작 기간은 약 2~3달 정도로 (숙련된 40년 도예 작가의 기술력이 있다는 전제하에) 실제 샘플을 만들고 검수하는 시간을 감안하면 전체 공정 기간은 4~6달로 오랜 시간과 비용이 들어 간다.

시행착오

앞서 말한 대로 수제화분을 제작하면서 가장 어려웠던 점은 흙 선택과 온도 선택이었다. 흙의 종류가 생각보다 다양했고 흙이 갖고 있는 성질의 차이를 이해하기가 힘들었다. 또한 흙과 가장 밀접하게 연결된 것이 온도인데, 온도로 인한 색감의 차이가 다르고 고온으로 구울 경우 파손률이 높아서 다양한 온도에서 테스트를 하기 시작했다. 흙으로 물레성형한 후 마르는 데까지 길게는 7일 가량 걸린다. 가마로 하루 정도 꼬박 굽는다. 꺼낸 후 열을 식힌다. 유약 같은 경우는 칠한 후 재벌까지 하니 화분 하나를 제작하는데 꽤나 오랜 시간에 걸린다.

뿐만 아니라 고운 흙이 있고, 거친 흙이 있는데 그 특징에 따라 제대로 굽지 않은 경우 터지기도 한다. 일반적인 흙은 1,200도까지 구우면 된다고 생각하는데 어떤 흙은 가능하기도 하고 또 어떤 흙은 안 되기도 한다. 하지만 이 사실은 전문가들도 알기 어렵다. 모든 흙을 써보지 않았기 때문이다. 하지만 '푸르다'에서는 수십가지의 흙을 테스트 해보고, 온도마다 나오는 색깔들이 다름을 확인했다. 토분을 구울 때 1,000도 이상인 고화도를 쓰는데, 이런 경우 이끼가 끼거나 흙의 변색이 덜하며, 흙물이 들 수 있는 백화 현상이 덜하다. 고화도로 갈수록 백화현상이 적다는 이론만 듣고, 한 번은 1,200도 이상까지 구워 보았으나 너무 높게 구우니 흙의 색깔이 녹아버리기도 했다. 또는 갈색을 원하는데 너무 세게 굽다보니 타버린 경우도 있고, 녹아버려 변색되는 경우도 있었다.

가마를 구울 때 전기로 굽는 경우가 있고, 가스로 굽는 경우도 있다. 공기주입 유무에 따라 산화로 굽는 방식이 있고, 환원으로 굽는 방식이 있다. 한 번 구울 때, 샘플로 한 개를 구울 수 없다. 전기료나 가스 값이 들어가기 때문이다.

최소 100개 이상을 굽게 되는데 똑같은 온도로 굽더라도 가운데 있는 화분은 균일한 색이 나왔는데, 가장자리에 있는 화분들은 열에 더 영향을 강하게 받으니 색이 다르게 나올 수도 있다. 저화도에서는 크게 상관이 없으나 단단하고 변색에 강한 화분을 만들기 위해 고화도로 구우려고 수없이 테스트를 해보았다. 똑같은 불의 세기여도 가마의 어느 위치에 있느냐에 따라 색이 달라질 수 있다는 것을 파악하기까지도 오래 걸렸고, 최대한 강하고 디자인적으로도 아름다운 최고의 화분을 만들기 위해 금전적 시간적 투자를 아끼지 않았다.

이렇게 국내 수제토분에 대한 진입장벽이 높은 이유 중 하나는 시행착오를 겪으며 천문학적인 비용이 들기 때문인데, 그 정도로 비용과 시간투자가 많이 들어가기 때문에 업체들이 서로 공유해주기를 꺼려한다. 또 그에 따른 마진율은 박하기 그지없기에 해외토분을 많이 쓰는 것이다. 하지만 해외토분 중 일부 토분은 코팅이 되어 있어 토분의 제 기능을 못한다. 백화현상을 막기 위해 우리나라에 들어올 때 약품처리를 해버리기 때문에 흙이 숨 쉬는 것을 막아 버리기 때문이다. 결국 공기가 통하지 않는 토분을 해외에서 건너온 토분이라고 쓰게 되는 것이다. '푸르다'에서는 진짜 숨을 쉬는 토분을 만들었고 수많은 시행착오를 거쳐 '푸르다'만의 화분 레시피가 탄생하였다.

투머치 장인정신

20% 로스율 발생 / 깨짐, 색상 다름, 스크래치 등

상품성을 위해 일반인 눈에는 티가 나지 않고, 제품 기능상 문제가 없는 화분이라도 약간의 금이 가거나 불량이 발생한 화분들은 모두 분류해 매장에서 원가 판매했다.

제작을 앞두고 있는 사람들에게 주의사항 TIP

생각보다 많은 이해도가 필요하기 때문에 사전에 많은 공부를 해야 한다.
단순히 제품을 만드는 게 아니라 장인들과의 커뮤니케이션부터 고객들의 구매에 (수제화분이라 공장에서 제작된 화분에 비해 비쌀 수밖에 없다) 이르기까지 힘든 과정의 연속이다. 제품의 디자인과 기능성, 판매전략까지 사전 기획한 후 긴 시간을 갖고 준비를 하는게 좋다.

Part 4.

식물전문가가 직접 만든 푸르다의 작품

전문가의 손이 닿은 특별한 작품들을 소개합니다 ───

아카시아 벅시폴리아

싸리나무

보스턴고사리

아스파라거스 석부작, 황칠나무, 명자나무

푸르다는 다른 식물점들과는 다르게 플로리스트나 분재 전문가가 직접 만들기 때문에 차별성과 경쟁력이 분명하다. 전문적인 플랜트샵으로서, 전문가가 만들었기에 똑같은 나무라고 하더라도 작품 하나 하나가 특별하다고 말하고 싶다. 특별함은 텍스트로만 전달하기에는 부족할 것 같아서, 직접 만든 작품들과 과정을 몇 가지 소개하고자 한다.

석부작

아스파라거스 석부작

만드는 방법

재료 - 아스파라거스, 미니창포, 돌, 생명토, 수태, 철사, 순간접착제, 핀셋, 가위, 이끼, 돌가루

1. 철사를 놓고 돌가루를 뿌려준 다음 순간 접착제를 떨어뜨린다.
2. 수태와 생명토를 1:1로 섞어 반죽한 뒤 약 1cm 정도의 두께로 올려준다.
3. 화분에 있는 식물을 빼서 1/2정도 흙을 털어주고 생명토 위에 식재한 뒤
   이끼를 심을 때 움직이지 않도록 식재된 식물 위에 다시 생명토를 발라준다.
4. 철사로 식물이 움직이지 않도록 한번 더 단단히 고정시켜준다.
5. 메인식물 옆으로 보조식물로 준비한 미니창포를 심어준 뒤 마찬가지로
   이끼를 덮어서 마무리한다.
6. 마무리 작업으로 돌 윗부분에 지저분한 것들을 정리하고 이끼로 잘 덮어준다.

아스파라거스 나누스

아스파라거스는 소위 말해 '대분류'이고, 아래 여러 '중분류'들이 있다. 중분류 중에서도 나누스에 대해 소개하려 한다.

나누스는 상당히 보편적인 식물이고 가격도 저렴하여 누구나 즐길 수 있는 식물이다. 원재료는 7천 원 정도면 살 수 있기 때문에 누구나 접근하기 쉽고, 어디서든 구매할 수 있는 나무이다. 나누스는 운치가 있다는 것이 가장 큰 특징이기 때문에, 운치를 극대화시킬 수 있는 연출을 함으로써 저렴한 식물로 시각적 즐거움을 줄 수 있는 작품으로 탈바꿈시킬 수 있다. 자연을 그대로 집에 들일 수 있으니 푸릇푸릇하고도 창창한 느낌을 받을 수 있다.

물은 4~5일에 한 번씩 주면 된다. 급수의 한계점을 보통 2주로 보는데, 2주간 물을 주지 않으면 나누스가 죽을 수도 있기 때문에 잘 케어해 주는 것이 좋다. 지하수는 칼슘이나 석회 등으로 인해 식물에게는 더 안 좋을 수 있으므로 미네랄이 풍부하고 사람이 먹어도 크게 문제가 없을 정도로 관리가 잘 된 수돗물을 주는 것이 좋다. 3-4일 정도 떠 놓았다가 주면 가장 베스트이지만, 바로 줘도 전혀 문제 없다. 상온 15~20℃ 사이에서 잘 자라기 때문에 실내에서 창가 햇볕 쪽에 두고 키우기 좋다. 살균된 흙을 쓰면 벌레 문제도 없으며, 석부작은 일반 화분보다 오래 가기 때문에 3년에 한 번 분갈이를 해 주면 되니 손이 많이 가지도 않는다.

아스파라거스는 빽빽하기보다는 오히려 여백 있는 느낌을 만드는 것이 중요하다. 최소한의 자본으로 부가가치를 극대화할 수 있고, 자신의 취향대로 DIY할 수 있으니 이보다 더 매력있는 작품이 있을까?

황칠나무 석부작

만드는 방법

재료 - 황칠나무, 제주 현무암, 철사, 흙(적옥토, 동생사, 마사), 전지가위, 집게가위, 핀셋, 이끼

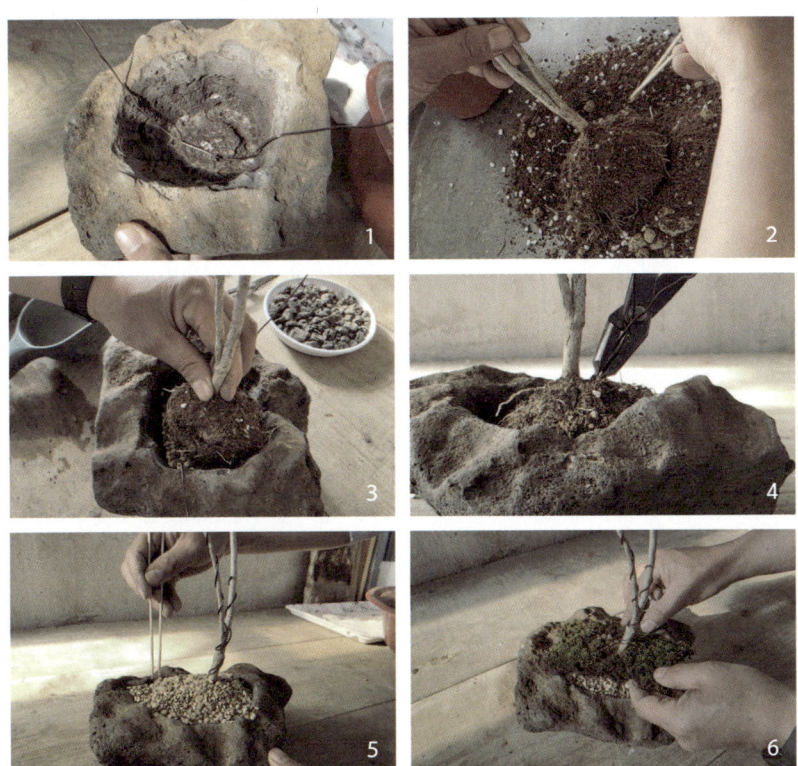

1. 나무 고정용 철사를 돌에 넣어서 조여준다.
2. 배양분에 있는 황칠나무를 꺼낸 후 묵은 흙을 털어준다.
3. 바닥에 굵은 혼합토를 넣고 나무를 돌에 넣는다.
4. 철사로 나무를 고정한다.
5. 흙을 충분히 넣어주고 젓가락으로 안쪽까지 잘 휘저어 흙에 빈 공간을 없게 한다.
6. 마무리로 이끼를 깔아준다.

황칠나무

요즘은 인테리어식물로 줄기가 여러 개인 것보다 외목대를 포인트로 디스플레이 해놓는 것이 유행이다. 거기에 더하여 분재를 했으니 더욱 예쁘게 만들 수 있고, 수형대로 만들 수 있다. 원하는 모양이 만들어진 후 3개월 정도가 지나면 철사를 제거해도 모양이 유지된다.

인테리어용으로 많이 만들기 때문에 마감까지도 예쁘게 하는 것이 중요하다. 사람도 색조화장으로 더 예뻐지듯이 화분에도 돌의 색깔과 맞추어 포인트 마감을 하여 일체감도 주고 더 아름답게 만드는 것이다. 그냥 돌이 아니라 화산석과 에그스톤을 사용하였다.

화산석과 에그스톤

철사로 모양을 낸것까지는 8천 원에 판매되고, 화분까지 함께 했을 때는 2만 원 정도에 판매된다. 물은 일주일에 한 번 주면 되고, 생명력이 강하기 때문에 실내 온도가 10도 이하로 떨어져도 문제없다. 물을 먹고 자라기 때문에 화분에 습도도 있어 가습기 역할도 되고 많으면 많을수록 공기청정 역할도 된다.

또한 황칠나무도 석부작으로 연출하여 같은 식물이지만 전혀 다른 느낌을 냈다. 이 작품은 분재 전문가 수업 과정에서 다루고 있다.

푸르다 YouTube - 코로키아 석부작
해당 내용에 대한 자세한 영상은 QR코드를 통해 볼 수 있습니다.

명자나무

우리나라 토착 수종이고 조선시대부터 있었던 나무이다. 아파트에도 조경수로 명자나무가 심어져 있는 경우가 꽤 많다. 봄이 되고 4월 정도가 되면 꽃도 많이 핀다. 명자 나무 중에서도 일월성, 동양금, 흑조 등 종류가 많다. 명자나무 중에서도 토종에 해당하는 것이다. 중품 사이즈. 전체적인 힘의 균형을 맞추는 것이 중요하다. 세력이 센 가지는 약하게 해주고 약한 가지는 키워줘서 전체적인 밸런스를 맞추어 아름다운 모습을 낸다. 실내에서는 겨울이든 여름이든 상관없으나 겨울에는 좀 더 추운 것이 좋다. 그리고 명자는 겨울에 동면을 하는 것이 좋다. 동면을 하는 것이 봄에 새순을 힘차게 밀고 내릴 수 있는 것. 마치 곰처럼 에너지를 비축하는 것이다. 그 힘을 받아서 봄에는 꽃을 피운다. 꽃이 피면 한 달 정도 가고, 꽃이 지면 새순이 나온다.

1년 열두 달 중 3~4월 두 달은 꽃을 볼 수 있고 나머지는 새순과 푸릇한 모습을 볼 수 있다. 예전에 시골 아녀자들이 조선시대에 봄나들이를 얼마나 가고 싶었겠는가. 일년에 한 번 핑계거리로 삼을 수 있는 것이 명자나무 꽃피는 시기다. 명자는 꽃필 때 구경하러 간다. 일본에 철쭉이 있다면 우리나라에는 명자나무가 있다. 각 나라 여성들이 억압되고 폐쇄된 시절에 나들이를 할 수 있는 명분을 제공했다. 그런 히스토리가 있는 꽃이다. 봄, 여름에는 3~4일에 한 번 물을 주면 되고 겨울에는 10일에 한 번 주면 된다. 정해진 것은 아니고 환경과 온도에 따라, 겨울에 추우면 20일 안 줘도 되고 성장기에는 매일 줘야 할 때도 있다.

식물은 가장 먼저 잎을 보고 판단할 수 있다. 잎이 시들거나 처지면 물이 부족하다는 것이다. 물을 너무 많이 주게 되면 과습이라고 해서 뿌리가 썩으면서 잎끝이 까맣게 되는 타는 현상이 나타난다. 물을 너무 많이 줘도 안 되고 너무 안 줘도 안 된다. 분재 같은 경우 배수가 잘 되기 때문에 과습이 오는 경우는 거의 없다. 모든 나무에 배수가 잘 되는 분재용 토를 사용하면 좋지만 흙이 비싸기 때문에 관엽에 쓰면 굉장히 많이 들어가서 쉽지 않으니 일반 상토를 쓰는 것이다. 철사는 나무를 작품으로 하는 과정에서 부득이하게 모양을 잡기 위한 것이기 때문에 나중에 빼준다. 명자나무의 매력은 사계절의 모습을 모두 다 볼 수 있다는 것이다. 봄에는 꽃이 피고, 여름에는 파랗게 새순이 나오고 가을에는 낙엽이 진다. 겨울에는 다 떨어져 가지만 남는다.

운용명자

향나무 석부작

향나무 석부작을 만드는 과정을 소개한다.

1. 나무가 올라갈 만한 판판한 돌을 준비한다. 이 돌은 석피라고 불리는 돌의 일종인데, 바위에 물이 들어가게 되어 깨져 흘러내린 바가지석을 의미한다. 돌을 깨서 모양을 잡기도 한다.

2. 그 위에 화분의 형태를 만들어주기 위해 조그마한 돌들을 화분 모양으로 하나씩 붙인다. 향나무는 화분에서 자라는 것보다 돌에서 자라는 것이 훨씬 좋기 때문에 돌을 이용하여 화분을 만들어준다.

3. 돌 사이사이에 순간접착제를 이용해 돌가루를 뿌리면서 부착시키고 좀 더 꼼꼼하게 채운다. 분재 핀셋으로 휴지를 잡고, 돌가루를 묻혀서 순간접착제를 이용하여 뿌리면 더 잘 붙는다. 순간접착제 중에서도 AXIA911이라는 본드로 해야 바로바로 붙는다. 다른 본드를 쓰게 되면 잘 붙지 않아 모양을 잡기가 힘들다.

4. 화분이 완성되면 나무를 심는다.

5. 생명토라는 진흙을 바르는데, 이는 이끼를 덮기 위한 과정이다.

6. 이끼는 비단이끼나 야생에서 오래 묵은 이끼가 보기에도 좋고, 붙이기에도 좋다.

7. 하나만 있으면 너무 썰렁하기도 하고 외롭기도 하니까 보조물을 넣기 위해 조그맣게 하나의 둔덕을 만든다.

8. 메인 옆 서브에는 철원 돌창포를 심는다. 흰색 꽃이 피면 바라보는 것만으로도 힐링이 되고 너무 예쁘다.

9. 완성된 향나무의 모습이다. 메인 향나무가 아름답게 모양을 잡고 있고, 옆에는 돌창포가 자리하여 틀을 잡아 놓으면 3~4일에 한 번씩 물을 주면 되고, 물을 많이 먹지 않는 품종이기 때문에 어느정도 말라도 잘 버틴다. 자세한 것은 영상을 참고하면 된다.

푸르다 YouTube - 나만의 작은 숲, 석부작 만드는 과정. 한국의 분재 전문가
해당 내용에 대한 자세한 영상은 QR코드를 통해 볼 수 있습니다.

Part 5.
식물 마케팅은 이렇게

브랜딩

브랜딩이란 내 브랜드의 신념, 가치관, 취향을 담아내는 것을 의미한다. 브랜딩이 중요한 이유는 우리 가게의 비전과 고객에게 전달하고자 하는 핵심 가치를 담아내고 있기 때문인데 이 브랜딩이 뚜렷할수록 고객은 우리 가게와 다른 가게의 차이를 구분하고 인지한다. 이는 고객에게 인지되는 것 뿐만 아니라 호감, 신뢰까지 형성할 수 있다.

브랜딩을 명확히 했다면 브랜드 마케팅을 하기 위해서 같은 감성을 추구하는 사람들이 쉽게 이해하고 깊이 공감할 수 있도록 우리 브랜드만의 스토리를 만드는 것이 중요하다.

푸르다가 전달하고자 했던 핵심 가치는 식물의 건강, 식물에 대한 전문성, 식물에 의한 인테리어이다.

식물에게 적합한 환경을 만들어주기 위해 햇살과 바람이 잘 들지 않는 일반 상가가 아닌 식물이 자라기 쉬운 하우스형 매장을 선택했으며, 20년 이상의 전문 가드너가 하루 3번 이상 식물의 상태를 확인하고 관리하여 식물의 건강과 아름다움을 유지한다. 또한 식물이 가진 고유의 감각을 담아내기 위해 식물의 특성, 색상, 형태를 고려해 어울림을 찾아 디자인 화기를 만든다. 이렇게 하여 푸르다는 건강하고 감각적인 식물 생활을 지향한다는 브랜드 스토리를 만들었다.

그 다음 푸르다만의 고유한 감성과 추구하는 지향점을 오감으로 전달하는 매개체로 직관적인 브랜드 경험을 할 수 있는 오프라인 매장을 열고 우리를 적극적으로 알리기 위해 노력했다.

온라인 마케팅

푸르다는 온라인 광고 회사가 만든 브랜드에 걸맞게 SNS, 블로그, 유튜브 등 디지털 마케팅 수단을 적극적으로 활용하여 홍보하고 있다.

 푸르다 Instagram
해당 내용에 대한 자세한 내용은 QR코드를 통해 볼 수 있습니다.

가드닝샵 필수 채널, SNS

인스타그램은 식물/꽃을 취급하는 가드닝샵에서 가장 많이 이용하는 소셜 네트워크 서비스로, 이젠 인스타그램을 홍보용으로 사용하지 않는 샵은 찾아보기 힘들 정도가 됐다. 20대부터 40대 초반까지의 타깃층을 확보할 수 있고, 다이렉트 메시지를 활용하여 문의에 대한 즉각적인 소통과 피드백이 가능한 것이 장점이다. 식물은 인테리어와 직결이 되며 패션/뷰티 처럼 비주얼로 승부할 수 있는 카테고리에 속하기 때문에 이미지 위주로 게시물이 노출되는 인스타그램 채널에서 홍보 효과가 매우 좋다.

블로그처럼 장문의 글을 쓰지 않아도 되고, 잘 찍은 사진 한 장으로 누구나 쉽게 시작할 수 있는 접근성이 좋은 홍보 수단이기도 하다. 하지만 앞서 말한 내용을 다시 해석하면 이미지의 중요도가 매우 높으며 한 컷의 사진으로 관심을 끌어야 하기 때문에 사진을 잘 찍어야 한다는 것이 전제된다. 이미지에 따라 좋아요 수와 DM 문의, 주문 결제 등 유저의 반응도가 극명하게 나뉘기 때문이다. 푸르다는 고객이 보기에 예쁜 포토존 뿐만 아니라 판매를 위한 식물 포토존도 마련했다. 식물이 최대한 예뻐 보여야 하는 것이 인스타광고의 포인트이다. 푸르다 인스타그램 계정을 운영하면서 경험한 바로는 한 눈에도 봐도 임팩트가 있는 이미지를 올려야 효과가 좋았다. 예를 들면, 아주 작은 미니어처 식물 또는 커다란 빵떡 잎을 자랑하는 자이언트 식물 혹은 꽃이 흐드러지게 피거나 열매가 맺힌 식물처럼 시각적으로 특징이 두드러진 사진이 인기가 좋은 편이며 여러 식물을 옹기종기 모아 놓고 찍은 일명 '떼 샷'을 게시했을 때 유독 좋은 반응이 나타났다.

참여율이 높은 게시물의 경우 페이스북과 연동하여 더 많은 유저에게 도달이 되도록 광고 캠페인을 운영하면 팔로워 증대는 물론 실질적인 매출 전환에도 기여한다. 광고는 인스타그램 모바일 앱에서 간단하게 진행할 수도 있고, 조금 더 세부적인 타기팅과 효율 분석을 원한다면 페이스북 광고 관리자에서 진행하는 것을 추천한다. 인스타그램을 운영할 때 또 한가지 중요한게 있다면 개별적인 게시물의 이미지도 중요하지만 이 게시물들이 모여 하나를 이루는 피드의 통일성이다. 이미지의 느낌이 좋아서 프로필로 들어왔는데, 피드에 나열된 전체적인 이미지의 분위기가 공통적인 느낌을 주지 않고 중구난방으로 늘어져 있다면 팔로우를 얻어내기는 힘들다. 콘텐츠가 다채롭고, 색감이나 콘셉이 일관성이 있어야 내 브랜드의 아이덴티티를 이해하고 소식을 꾸준히 받아보길 원하는 팬덤이 형성될 수 있다.

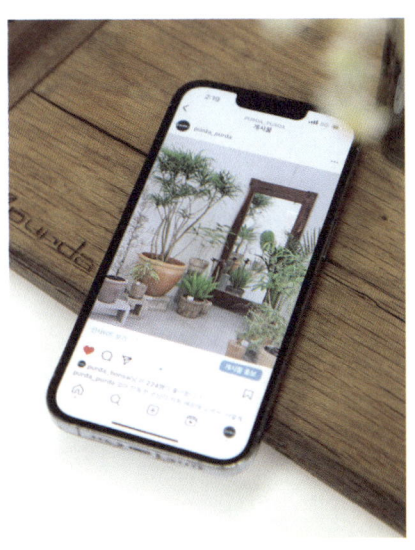

스토리텔링 마케팅의 효과적인 도구, 블로그

블로그는 소비자들이 스마트폰으로 가장 쉽게 접근할 수 있는 정보 공유의 장이다. 네이버 블로그는 주제별 카테고리가 나누어져 있는데 '푸르다'는 원예·재배 카테고리로 설정했다. 이 카테고리에 관심이 있는 소비자들이 쉽고 빠르게 필요한 핵심 정보들을 가져갈 수 있기 때문에 가드닝 클래스 일정, 식물 입고 소식, 할인 이벤트 등 푸르다의 소식을 전하고 플랜테리어 팁, 특정 식물을 키우는 방법, 반려식물 추천, 식물 상식에 대한 정보성 컨텐츠를 보다 상세히 작성했다. 이러한 자체 블로그 관리를 통해 가드닝에 관련된 지식을 공유하며, 브랜드 신뢰 향상에 기여하고 있다.

하지만 이는 우리 블로그에 방문을 하는 고객이 없다면 효과를 보기 어렵다. 때문에 포스팅이 검색결과에 노출이 되어야만 하는데, 앞서 중요한 것은 소비자의 니즈 파악이다. 네이버 검색 광고의 키워드 도구를 활용하면 키워드별 검색 조회수를 확인할 수 있는데, 이를 통해 소비자의 니즈도 파악할 수 있다. 키워드를 보면 검색량 외에도 구매를 위한 검색어인지, 정보탐색을 위한 검색어인지 확인할 수 있는데 정보를 위한 키워드는 대부분 식물이름+키우기, 키우는 방법 등이다. 이런 키워드를 사용할 경우 판매, 홍보보다는 우리가 가진 정보와 함께 우리 매장의 가치나 전문성을 알리는 글을 작성하는 것이 좋다.

판매를 위한 키워드는 플랜테리어 식물 추천, 공기정화식물 추천, 선물용 화분 등이 있을 것이다. 이런 구매와 직결되는 키워드를 활용할 경우 취급하는 제품의 다양성, 심미성을 강조하고, 우리의 브랜딩 스토리를 담아낸다면 비슷한 가치를 갖고 있는 고객을 타기팅할 수 있다.

이렇듯 블로그는 니즈가 있는 고객이 검색을 통해 유입이 되어 전환율이 높으며, 상세한 글과 이미지를 활용하여 보다 구체적으로 스토리텔링 할 수 있다는 장점이 있다. 단, 네이버 포털 사이트의 지면을 얼마나 차지하느냐에 따라 매출에 큰 영향이 있기 때문에 블로그 상위 노출을 위한 적극적인 노력이 필요하다.

푸르다 Blog
해당 내용에 대한 자세한 내용은 QR코드를 통해 볼 수 있습니다.

생동감 있는 전달력, 유튜브

유튜브는 번거롭지만 꼭 안고 가야하는 채널이라고 하고 싶다. 촬영과 편집의 퀄리티는 물론, 그 안에 담긴 콘텐츠의 주제와 내용이 매우 중요하기 때문에 관리 난이도가 높고 작업 시간이 많이 소요된다. 그럼에도 불구하고 운영을 해야 하는 이유는 국내 이용 추세를 보면 알 수 있다. 10~60대 연령 불문 모두 유튜브를 이용하기 때문에 모든 타깃층을 두루 확보할 수 있으며 이용자가 많아지면서 이제는 유튜브에서 단순히 영상을 시청하는 것을 넘어서 정보를 검색하는 용도로 포털사이트를 대신하여 사용되고 있다. 시각, 청각적으로 내용 전달이 가능한 영상 채널의 특장점을 활용하여 오프라인으로 방문하지 못하는 고객에게도 우리 브랜드의 고유한 감성을 실제 느낌과 가장 가깝게 보여줄 수 있는 것이 유튜브만의 장점이다. 푸르다가 운영하는 유튜브 채널에서는 구독자(푸둥이)와 함께 식물에 대한 생생한 소통을 한다. 식물을 구매하거나 키울 때 기본적으로 알아야 하는 내용을 담은 기초 영상부터, 분갈이/가지치기/철사걸이 등의 식재 노하우, 코케다마, 석부작을 만드는 과정을 단계별로 상세하게 보여주는 제작 영상 등 우리의 지식과 노하우를 모두 직관적으로 전달한다.

이외에도 새로 들어온 식물이나 화분의 제품 라인업을 보여주거나 라이브 방송으로 실시간 판매를 하는 등 다양한 방식으로 푸르다의 브랜드를 알린다. 이렇게 유튜브 콘텐츠를 통해 브랜드의 전문성을 보여줄 수 있고, 댓글을 통한 소통을 할 수 있으며, 우리 채널을 몰랐던 사람도 알고리즘을 통해 자연스레 알게 하는 등 브랜드에 대한 흥미와 애정, 궁금증을 유발할 수 있다는 점에서 유튜브는 현 시대에 꼭 가져가야 하는 채널이라고 생각한다. 식물에 관심이 없던 사람도 우리 채널을 통해 조금씩 재미를 붙일 수 있도록 끊임없이 새로운 콘텐츠를 기획하고 발전시킬 것이다.

푸르다 YouTube
해당 내용에 대한 자세한 내용은 QR코드를 통해 볼 수 있습니다.

TV 매체 속 푸르다, 방송의 힘!

TV매체는 구매와 방문유도부터 브랜드의 특장점의 정보를 자세하게 전달하는데 가장 효과적인 매체이다. 그 중에서도 어떤 장르의 프로그램을 활용하느냐에 따라 기대할 수 있는 효과는 달라지기 마련이다.

첫 번째로 드라마 및 예능 프로그램은 구매와 방문유도 목적을 가지고 진행하기에 좋다. 프로그램에서 사용된 제품들이라면 연예인 아이템으로 관심 유발 및 구매욕을 자극시키기에 좋으며 인지도 확보도 함께 해볼 수 있기 때문이다. 분명 드라마나 예능 프로그램에 잘 스며든 아이템은 긍정적인 평과 관심도를 유발시키는데 탁월하다. 푸르다는 tvN 드라마 작은아씨들에 수제토분을 협찬했으며, KBS 예능 자본주의학교에 출연하여 희귀식물을 알렸다.

tvN 드라마 작은아씨들 협찬

KBS 예능 자본주의학교 출연

MBN_종합뉴스 세상돋보기 출연

KBS 2TV_생생정보통 출연

두 번째로 교양 프로그램은 브랜드의 특장점에 대한 자세한 정보 전달이라는 목적을 가지고서 진행하기에 좋다. 유용한 정보들을 함께 구성함으로써 협찬이 아닌 것처럼 전달이 가능하며 방송사의 프로그램이라는 공신력에 전문가 인터뷰, 근거자료 제시가 더해진다면 신뢰도 제고에 대한 효과를 더욱 높일 수 있다. 이와 더불어 소비자들이 자발적으로 해당 브랜드에 대한 정보를 탐색하는 결과로 이어질 수 있다. 푸르다는 MBN의 세상돋보기, KBS의 생생정보통에 식물전문가로 출연하여 식물 트렌드에 관하여 인터뷰를 했다. 이렇듯 TV매체는 시청자에게 무의식적으로 브랜드 및 제품을 노출시킴으로써 홍보할 수 있는 마케팅 전략의 하나가 될 수 있다. 푸르다는 인스타그램, 블로그, 유튜브 브랜드 채널을 꾸준히 운영한 덕분에 다양한 방송사와 유튜브채널에 출연 제의를 받아 여러 프로그램에 출연할 수 있었다. 이렇듯 판매 활동뿐 아니라 꾸준한 브랜드 홍보 채널 관리는 필수이며 여러 기관과 제휴하여 대외적인 활동을 계속 하면 전파력이 생겨 연결고리처럼 계속해서 새로운 기회는 주어진다.

브랜드 공식 채널, 홈페이지

브랜드 공식 채널인 홈페이지만큼 고유의 브랜드를 잘 표현해낼 수 있는 것이 과연 있을까? 브랜드가 추구하는 바와 상품의 장점을 가장 잘 알리고 부각시킬 수 있는 만큼 브랜드 스토리부터 홈페이지 제작 등까지 일련의 과정이 쉽지 않은 여정이겠지만 나중에라도 분명 제작해야 하는 필수 채널이라고 할 수 있다. 믿을 수 있는 제품의 구매, 믿을 수 있는 업체와의 협업, 믿을 수 있는 기업으로의 입사 등 어떠한 선택을 하는데 있어 신뢰도는 굉장히 중요한 요소로 홈페이지는 고객들에게 높은 신뢰도를 보여줄 수 있는 가장 좋은 방법이며 차근차근 쌓여진 신뢰는 분명 꾸준한 매출의 상승으로 돌아올 것이다. 뿐만 아니라 매력적인 콘텐츠의 구성으로 고객의 흥미를 이끌어냄은 물론 매출 상승의 핵심이라 할 수 있는 마케팅을 위한 최종 수단으로 활용하기에 가장 적합하다. 마케팅을 효과적으로 하기 위해서는 데이터, 즉 통계가 중요한데 이를 기반으로 광고를 집행하고 올바른 의사결정을 내릴 수 있기 때문이다.

다만 많은 사람들이 가지는 잘못된 생각이 있는데 그건 바로 나의 브랜드와 나의 제품의 우수성을 어떻게 해서든 최대한 많은 사람들에게 보여주겠다는 마음을 가지고 있다는 것이다. 이는 분명히 잘못된 생각이다. 모든 사람이 절대 나의 브랜드와 나의 상품을 좋아할 수는 없다. 보다 명확하게 타깃을 설정해야만 효과적이고도 직관적인 기획이 탄생될 수 있다는 점을 명심해야 한다.

홈페이지를 통해 명확하게 목표하는 바를 설정한다면 소비자들에게 보다 브랜드의 정체성을 빠르게 각인시키는 것은 물론 브랜드의 전문성도 높일 수 있을 것이다.

푸르다 **Homepage**
해당 내용에 대한 자세한 내용은 QR코드를 통해 볼 수 있습니다.

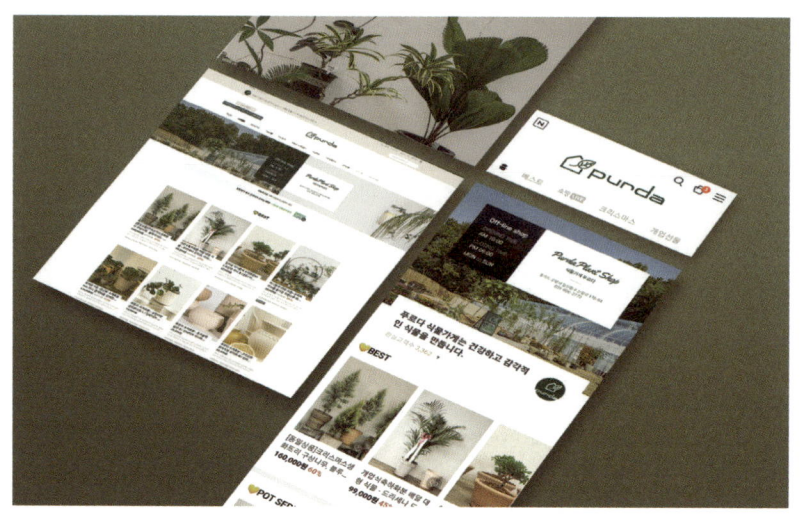

최고의 편의성, 스마트스토어

식물이나 화분 등 어떤 키워드를 검색하더라도 대부분 네이버 쇼핑이 통합검색의 가장 상단에 노출되기 때문에 우리는 네이버 쇼핑 즉, 스마트스토어를 적극 활용하여 온라인에서의 매출을 극대화시켜야 한다. 대부분 네이버 쇼핑은 6개의 상품이 가장 먼저 노출된다. 광고 2건, 일반 상품 4건이 기본적으로 노출되기 때문에 광고를 제외하면 4위 내로 노출해야 한다. 네이버 쇼핑 검색광고를 이용하여 입찰하고 판매와 리뷰를 쌓으면 상위를 점유할 확률이 높아진다. 스마트스토어는 다른 e-커머스보다 에디터가 편리하게 잘 되어있기 때문에 디자인을 하지 못하더라도 쉽고 간편하게 상세 페이지를 만들 수 있다. 스마트스토어에 판매 촉진을 위한 기능으로는 톡톡 메시지, 쿠폰, 재구매 고객, 소식받기 고객을 관리할 수 있어 이벤트를 진행하면 효과가 좋다. 또한 유튜브를 운영할 여력이 없다면 실시간 방송으로 제품을 판매할 수 있는 네이버 쇼핑 라이브를 추천한다. 유튜브 라이브 스트리밍의 경우 우리 채널을 구독한 사람이나 연관

된 유저에게만 도달되기 때문에 구독자 수에 따라 참여율이 결정되지만, 네이버는 국내 이용자수가 가장 많은 최고의 포털사이트인 만큼 유동인구가 많아 우리 브랜드와 스토어를 전혀 모르는 사람도 라이브 방송에 쉽게 참여할 수 있다. 물론 스토어를 꾸준히 운영해왔다면 관심고객수가 많아 참여수를 늘리기에는 더욱 유리하다. 네이버 쇼핑 라이브는 뷰티, 패션, 푸드 등 카테고리가 나누어져 있으며 시간대별로 실시간 방송이 목록에 나타나며 최신순, 인기시청순, 인기구매순으로 볼 수 있기 때문에 시청수가 현저히 많은 스토어만 노출이 잘 되는 것만은 아니다. 푸르다는 첫 방송을 진행한 당시에도 300명은 거뜬히 넘겼다.

푸르다 스마트스토어
해당 내용에 대한 자세한 내용은 QR코드를 통해 볼 수 있습니다.

오프라인 마케팅

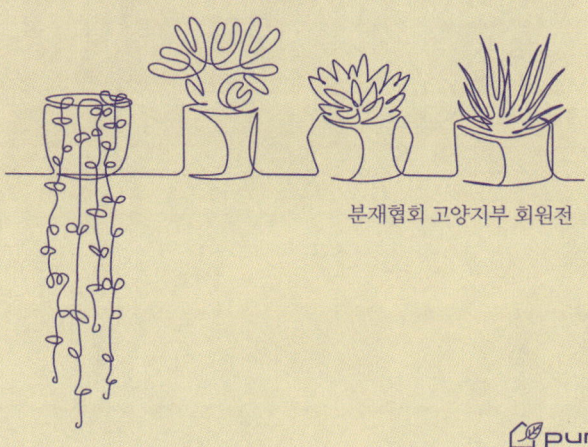

푸르다 제 1회 식물전시회 - 포스터

고객과 직접 만나 소통하는 오프라인 창구를 만들기 위해 식물 강의, 전시, 마켓 등 다양한 행사를 진행하고 있다.

푸르다 - 식물 전시회

푸르다 매장에서 자체 전시회를 열었다.
2022년 10월 7일부터 10월 9일까지 3일간 푸르다 오프라인 매장에서 푸르다 제1회 식물 전시회 겸 분재협회 고양지부에서 진행하는 회원전이 함께 개최되었다. 해당 전시회의 취지는 관엽식물부터 무늬종, 열대관엽식물, 분재 등 다양한 식물의 종류를 보여드리는 것으로 일반인이 봤을 때 "우리집에 연출하면 멋있겠다"라는 생각을 가질 수 있도록 하는 것으로 보다 쉽고 친숙하게 다가갈 수 있도록 노력을 했다.

특히 하나의 카테고리에 국한되어 있는 전시회와는 다르게 다양한 카테고리의 식물들을 전시함으로써 보다 많은 사람들과 소통하며 식물과 교감하는 시간을 가질 수 있었으며 무엇보다 푸르다 가드닝클래스에 참여했던 회원들도 함께 작품을 출품해 식물의 매력을 다양한 관점으로 보여주었다는 것이 특별한 점이다.

그렇다면 전시회에 출품되었던 몇 가지 작품을 소개해 보겠다.

석화회를 활용해서 만든 석부작으로 가로 170 폭 85 정도의 대형 석판을 먼저 공수하여 2년 정도 직접 배양한 대형 석화회와 잔가지를 잘 배양하려고 키운 아기 석화회를 합식한 후 전체적으로 큰 석화회와 작은 석화회가 어울릴 수 있도록 연출했다. 큰 대자연의 축경이라고 볼 수 있을만한 작품이다.

일반인들도 좋아하는 식물인 필레아페페로 배양한지 약 2년 정도로 줄기의 고태미가 포인트이다. 푸르다의 수제토분에 식재되어 있어 더욱 멋진 모습을 뽐내는 작품으로 '둥글게 둥글게'를 주제로 잡은 작품이다.

푸르다 클래스에 참여한 회원이 만든 작품으로 작품명은 '같음과 다름'이다. 파인애플과의 브로멜리아드와 선인장과의 괴마옥을 사용해 파인애플을 꿈꾸는 아이들을 만들었다.

역시 푸르다 클래스에 참여한 회원이 만든 작품으로 작품명은 '부모의 사랑'이다. 옛 어르신들은 아이가 태어나면 마을에 작은 묘목을 심었다는 것에 영감을 얻어 만들었으며 부모가 되면서 나무를 통해 자식의 사랑을 뽐내고 싶다는 생각으로 만들게 되었다.

이번 식물 전시회에 참여한 회원들은 식물을 잘 키우는 방법부터 분재의 기법, 연출하는 방법을 배운 후 전시까지 할 수 있었고, 많은 사람들과 작품에 대한 이야기를 나눌 수 있는 좋은 기회가 되었다고 소감을 전달하였다. 아울러 클래스를 그저 듣는 것으로 끝나지 않고 식물로 일상을 공유할 수 있다는 것에 많은 의의를 두었다.

푸르다 제1회 식물 전시회에 이어서 제2회, 제3회, 제10회, 제100회 식물 전시회를 개최하는 그 날까지 앞으로 꾸준하게 다양한 테마를 가진 전시회를 열어 많은 분들과 함께 할 예정이다.

고양국제꽃박람회 - 일산호수공원 가을 꽃 축제

2022년 10월 1일부터 10월 10일까지 총 10일간 일산 호수공원에서 개최한 2022 고양가을꽃축제에 푸르다가 전시부스로 참여하게 되었다. 가을꽃축제에서는 꽃뿐만 아니라 작은 소품과 캐리커쳐 등 다양한 구경거리가 많았던만큼 축제를 즐기기 위해 온 사람들의 방문이 많았다.

해당 축제에는 플랜테리어 하기에 좋으면서 손쉽게 들고갈 수 있는 종류의 식물들 위주로 준비하였다. 푸르다의 시그니처인 청짜보부터 초설, 석화회, 실남천, 황칠나무, 피라칸사스의 분재부터 무늬싱고니움, 아스파라거스, 올리브, 필레아페페, 호야 등의 관엽식물 등을 판매하였다.

플리마켓에 참여한 다른 농장들은 대체적으로 저렴한 포트상태의 식물을 판매했으며 연령층이 높은 분들은 그 쪽을 조금 더 선호하는 경향이 있었다. 하지만 푸르다는 박리다매를 노리기 보다는 푸르다가 가진 감성 플랜테리어 가드닝샵이라는 브랜드와 콘셉을 명확하게 보여주기 위해 해당 축제에 참여를 했기 때문에 보다 차별화하여 플랜테리어하기에 좋은 식물들을 엄선하여 진열에 신경을 썼다. 덕분에 푸르다의 브랜드를 관심있게 보고 알아본 젊은 층들이 많았으며 식물에 익숙하지 않은 젊은 연인들에게 많은 관심을 받았다. 특히 판매 상품들 중에서는 미니분재류가 인기가 많았다.

고양국제꽃박람회는 푸르다 오프라인 매장과 가까운 일산 호수공원에서 열렸던만큼 매장으로 고객방문을 유도하기 위하여 매장을 알리기 위한 각종 배너 및 포스터 부착, 브로슈어 배포 등의 홍보활동을 빠뜨리지 않았으며 실제로 매장방문 고객 수가 증가하는 효과도 있었다.

서울디자인위크+DDP디자인페어 - SEOUL DESIGN 2022

2022년 10월 19일부터 2022년 10월 28일까지 총 10일간 동대문역사문화공원에서 진행된 서울디자인2022. 다양한 K-디자인 컨텐츠를 선보인 행사로 여러가지 디자인전시부터 디자인마켓, 시민참여 프로그램, 각종 행사들이 진행되었다. 디자인에 관심이 많은 젊은 층의 참여도가 높을 것으로 보여 푸르다가 내세우는 모토인 플랜테리어와 잘 맞을 것이라는 생각으로 참여하게 되었다.

해당 디자인페어에는 대중교통을 이용하는 젊은 층이 많을 것으로 보여 보다 구매하여 손쉽게 들고 갈 수 있는 작은 화분이 맞을 것으로 보였다. 때문에 푸르다의 시그니처인 청짜보부터 집에서 간단하게 플랜테리어 하기에 좋은 아스파라거스, 황칠나무, 올리브나무 등의 작은 식물을 위주로 판매했다. 이와 더불어 '디자인페어'라는 이름에 걸맞게 플랜테리어 디자인에 초점을 맞추고자 식물 인테리어에도 신경을 썼으며 대형 인테리어식물을 활용하여 식물배치를 했다.

기본적으로 곧 연말이 다가오는 시즌이라 크리스마스 분위기를 낼 수 있는 셀프레아, 블루아이스, 문그로우, 아라우카리아 부터 동그란 모양의 잎이 포인트로 플랜테리어로 인기가 많은 유칼립투스, 툭 떨어지는 수형으로 인스타 감성으로 많이들 선호하는 아스파라거스 등을 활용하였다. 또한 높낮이를 조절함으로써 리듬감을 주는 배치로 집에서도 손쉽게 플랜테리어를 할 수 있도록 진열을 하여 확실히 많은 사람들이 부담없이 편하게 다가오는 모습을 볼 수 있었다.

또한 푸르다 부스로 유입을 늘리고 식물에 관심이 없는 사람의 관심을 이끌어내기 위하여 총 3가지 이벤트를 진행하였다. 가장 많은 인기를 보인 첫 번째 이벤트는 '연말시즌 크리스마스 트리 소원걸기 이벤트'로 더 나은 미래를 위한 많은 분들의 염원을 엿볼 수 있었다. 두 번째 이벤트는 추워진 날씨에 꽁꽁 언 손과 마음을 녹일 수 있도록 준비한 '인스타그램 이벤트'로 푸르다를 팔로우하고 해시태그를 걸면 참여자 전원에게 핫팩을 증정하는 이벤트를 진행했다.

세 번째 이벤트는 1등부터 3등에게 식물 또는 화분을 선물로 드리는 '푸르다 뽑기 이벤트'가 진행되었다. 해당 이벤트들의 진행으로 자연스럽게 푸르다의 브랜드를 알리고 플랜테리어 식물을 함께 알릴 수 있었다.

무엇보다 푸르다 오프라인 매장은 일산에 위치해 있다는 지리적 한계로 멀리 있는 분들의 방문이 조금은 어려운 게 사실인데 동대문문화역사공원에서 보다 많은 고객들을 만날 수 있었으며 요즘 유행하는 디자인부터 고객이 선호하는 스타일의 식물과 화분까지 알 수 있었던 행사였다. 앞으로도 트랜드에 민감하게 반응하며 고객의 니즈를 만족할 수 있도록 노력할 것이다.

한국분재협회 - 분재쇼

식집사들의 계절인 봄에는 다양한 식물마켓이 진행된다. 그 중에서도 사단법인 한국분재협회에서 진행하는 분재쇼에 고양시 대표로 푸르다가 참여를 했다. 분재쇼는 전시와 마켓, 원데이클래스까지 진행이 되었으며 멋진 분재 작품을 감상하는 것은 물론 직접 분재 작품을 만들어보고 평상시 궁금했던 부분들에 대한 분재닥터들의 전문적인 상담이 함께 이루어졌다. 여기에서 푸르다는 분재시연과 더불어 미니분재를 함께 뽐내는 시간을 가졌는데 분재와 식물을 좋아하는 분들이 즐기는 행사였기에 생각보다 반응이 뜨거웠고 젊은 층의 관심도 예전에 비해 많이 높아졌음을 실감할 수 있었다. 확실히 분재도 트렌드가 변화하고 있다는 것을 파악한 기회였던 만큼 앞으로 트렌드 변화에 민감하게 반응하여 소비자의 니즈를 충족시켜가야 할 것이다.

와디즈 - 희귀식물 재테크 클래스

국내 최대의 크라우드펀딩 플랫폼인 와디즈에서 먼저 푸르다에게 펀딩 프로젝트를 제안하여 희귀식물 클래스를 진행하게 되었다. 와디즈 최초의 식물클래스였기에 푸르다도 와디즈측에서도 많은 기대를 한 프로젝트였다. 프로젝트 진행 시 목표를 설정해야 하는데 푸르다는 처음 진행하는 프로젝트라 목표 펀딩인원을 20명, 펀딩금액을 약 560만원 정도로 설정하였는데 실제 이 수치를 훨씬 뛰어 넘은 펀딩인원 42명, 펀딩금액 약 1천만원으로 206%를 달성하였다.

목표달성이 가능했던 이유는 MZ세대 사이에서 취미가 돈이 되는 신종 재테크가 유행인 상황과 시기적으로 잘 맞아떨어졌다는 것이다. 또한 식물을 잘 모르는 사람과 식물을 잘 죽이는 사람도 쉽게 접근할 수 있도록 식물의 기본기부터 희귀식물의 이론과 실전, 재테크 방법을 알려주는 것은 물론 희소성 있는 희귀식물 중 하나인 몬스테라알보를 직접 커팅하는 특별한 실습과정을 커리큘럼에 포함하여 부담없이 도전할 수 있게 했다는 것이다.

해당 클래스를 기획할 때 처음에는 쌍방향 소통을 통한 현장감 있는 강의가 이루어질 수 있어야 한다는 생각으로 오프라인 강의만 준비하려고 했으나 지리적 위치, 시간적 이유로 참여가 불가한 경우도 있을 것을 고려하여 추가적으로 온라인 ZOOM을 통한 실시간 화상강의도 추가했다. 그 결과 온라인 강의 신청자가 오프라인 강의 신청자보다 더 많이 모집되었다.

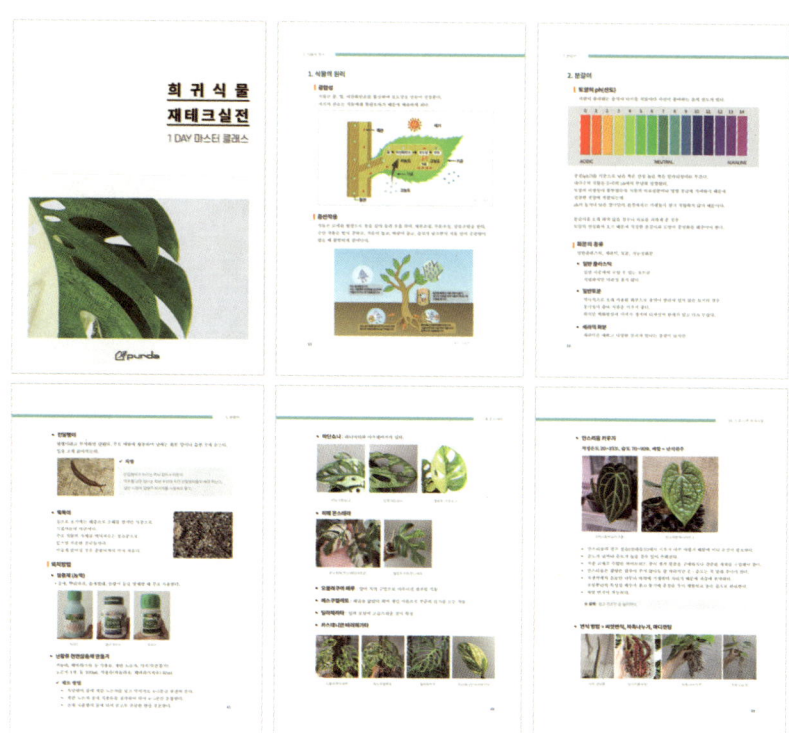

희귀식물 재테크 실전 - 와디즈교재

식물은 일회성이 아니라 꾸준하게 기르면서 배양하고 번식하는 과정이 필요하기 때문에 와디즈의 희귀식물 재테크 클래스에서는 쉽게 접할 수 없던 재테크에 대한 정보와 많은 노하우를 전달하고자 했다. 그래서 무려 50페이지가 넘는 교재를 자체제작 하였다. 검색하면 쉽게 찾을 수 있는 내용이 아니라 어디에서도 얻기 힘든 각종 노하우부터 판매비법까지 녹여낸 교재로 처음 식물을 접하고 처음 식테크를 도전하는 사람도 쉽게 시작할 수 있도록 만들었다.

물론 와디즈라는 플랫폼에 그저 프로젝트를 등록한다고 해서 자연스럽게 펀딩으로 이어지는 것은 아니다. 하루에도 수십개의 프로젝트가 등록되는 플랫폼인 만큼 각종 이벤트는 필수로 진행되어야 했다.

먼저 선착순으로 펀딩 알림신청 후 푸르다 인스타그램을 팔로우하고 피드를 올리면 스타벅스 쿠폰을 주는 이벤트를 진행하였고 72시간 안에 펀딩을 완료할 경우 추첨을 통하여 서큘레이터, 화분세트 등을 선물로 주는 이벤트를 진행하였다. 그 결과 전체 약 65% 정도가 72시간 안에 펀딩이 이루어졌다.

또한 다양한 프로젝트 사이에서 푸르다의 프로젝트를 홍보하기 위해 와디즈 계정을 통한 SNS 광고도 진행했다. 기본적으로 와디즈 고객을 타기팅 하여 광고 진행이 이루어지며 약 260만 명 이상의 와디즈 구매/방문/알림신청한 사람 및 유사유저에게 노출을 시켜 보다 높은 효율을 이끌어낼 수 있었다. 와디즈의 SNS 광고시스템은 기본적으로 연령과 성별만 설정이 가능했고 상세타깃은 지정이 불가했다. 다만 이를 토대로 와디즈 자체에서 리타기팅 광고를 생성해 함께 돌아가는 구조로 되어 있다. 와디즈 자체의 고객층은 특별함과 새로움을 원하는 MZ세대가 많다고 하여 어느 정도 클래스를 들을 수 있을만한 연령대인 20대 후반부터 30대 중반까지를 중심타깃으로 잡아 광고소재를 만들었다.

다만 20대 후반부터 30대 중반의 연령층만 광고를 돌리기에는 모수가 많지 않을 것 같았고, 식물과 재테크라는 카테고리는 30대 이상의 연령층도 많이 관심을 가지고 있기 때문에 광고 집행 시 50대 중반까지 함께 진행을 했다. 해당 타깃에게는 보다 명확하게 얻을 수 있는 것에 대해 초점을 맞추어 광고소재를 제작했다.

이렇게 다양한 이벤트와 SNS광고를 통하여 성공적인 펀딩으로 이끌어낼 수 있었다.

푸르다는 건강한 식테크를 추구한다. 가격의 흐름보다는 좋아하는 식물을 키워보고 다시 그것을 판매할 수 있는 것에 의미를 두고 있다. 이에 많은 분들이 공감을 하고 클래스에 참여를 했고 펀딩 참여자들의 만족도를 높이고 건강한 식테크를 시작할 수 있도록 몬스테라알보의 제공과 함께 클래스 이후 한 달간의 1:1 피드백 코칭이 이루어졌다.

앞으로도 푸르다는 건강한 재테크를 위하여 꾸준히 식물의 아름다움과 재테크의 매력을 함께 느낄 수 있도록 노력할 것이다.

푸르다 YouTube - 와디즈 희귀식물 클래스
해당 내용에 대한 자세한 영상은 QR코드를 통해 볼 수 있습니다.

Part 6.

푸르다의 내일

플랜테리어

플랜테리어가 하는 역할은 단순히 식물 추천에 그치지 않는다. 고객마다 식물을 보는 관점이 입맛이나 의상취향처럼 명확하다. 잎이 뾰족한 것을 좋아하는 사람이 있고, 둥근 것을 좋아하는 사람들이 있다. 이것은 취향이기 때문에 바꿀 수 없다. 식물뿐만 아니라 화분도 모양, 색상, 질감 등 각자의 고유한 취향이 있다. 보통의 식물전문가들은 식물 그 자체로만 평가하고 판매하기 때문에 고객의 취향이 녹아 들기 힘들다. 우리는 '사람과의 접점'을 포인트로 잡고, 고객이 원하는 화분의 스타일과 연출할 공간의 콘셉에 대한 정보를 취합한 다음 환경적 요소와 맞추어 추천해준다. 아름다운 식물이 많지만, 빛과 바람이 들지 않는 경우에는 생육조건이 까다로운 식물은 권하지 않고 있으며 알맞은 환경과 더불어 식물의 관리 주기를 설명한 후 판매한다.

'식물이 있는 공간이 인생을 변화시킨다'.

'푸르다'가 내세우는 모토이다. 식물을 공간에 둠으로써 일상 속에서 자연을 접하는 다양한 방식을 만들고자 한다. 앞서 이야기한 바와 같이 식물과 인테리어는 떼어놓을 수 없는 사항이다. 아파트, 전원주택 등 주거공간의 홈플랜테리어에서 더 나아가 레스토랑, 카페, 백화점과 같은 상업공간, 관공서, 기업체와 같은 사무 공간, 박물관, 갤러리와 같은 문화공간까지 우리가 나아가야 할 범주는 너무나 넓다. 예를 들어 IT기업이 신 사옥으로 입주를 했다면, 그 IT기업의 특성에 맞게 식물을 선택하고 세팅하는 것까지 도맡아 하는 것이다. 카페에서 식물 인테리어를 요청한다면, 환경에 맞게 최대한 예쁘게 배치해주는 것이 목표이다. 이 때 식물로 공간을 채우는 것에만 중점을 두지 않고 식물과 조명과의 조화, 식물과 가구와의 조화, 식물과 소품과의 조화 등을 꾀하여 인테리어의 완성도를 높이고자 한다.

프리미엄 식물 연출

같은 식물도 어떻게 만들고 심는가에 따라 완성도에서 큰 차이가 난다.

식물의 완성도를 높이는 방법

첫째, 농장에서 예쁜 수형의 나무를 가져오는 것인데 그러려면 나무의 모양을 볼 줄 아는 안목을 가져야 한다. 농장에 가면 수많은 나무들이 빼곡히 줄지어 있는 경우가 많아 예쁜 나무를 가려내는 것이 쉽지 않다. 또한 무성한 잎과 복잡하게 얽힌 가지들로 인해 아름다운 수형이 가려져 있어 나무를 다듬었을 때의 맵시가 나올지를 그려봐야 하며 현재는 잎이 없지만 목대가 좋은 나무는 향후 가치를 판단해 선택해야 한다.

Before

After

푸르다 YouTube - 벤자민고무나무의 변신
해당 내용에 대한 자세한 영상은 QR코드를 통해 볼 수 있습니다.

둘째, 본래 좋은 나무를 골라온 후 전정을 통해 불필요한 잎을 정리하고 지지대와 철사를 통해 나무의 줄기나 가지를 교정하고 곡을 넣어 원하는 수형을 잡는다. 철사 걸이는 통상 나무 굵기의 1/3에서 1/2 정도로 하고 굵은 줄기의 경우 구부림을 쉽게 하기 위해 두 줄, 세 줄 감기를 하기도 한다. 굵은 철사로 굵은 줄기부터 감는 것이 원칙이고 마지막으로 가는 철사로 잔가지를 감아 마무리하게 된다. 간단한 철사 걸이는 시기를 가리지 않지만 강한 교정을 위한 철사 걸이는 나무가 성장을 멈추는 휴면기(늦가을부터 초봄까지)에 하는 것이 바람직하다. 수종에 따라서는 봄, 여름에 하기도 하고 가지가 부드럽고 여릴 때 하기도 한다. 철사를 감은 뒤 풀기까지의 기간은 짧게는 1~2개월, 길게는 1년 이상을 두기도 하지만 가장 중요한 건 철사가 줄기를 파먹기 바로 전이 철사 풀기의 적기이다.

푸르다 YouTube - 황칠나무 수형잡기
해당 내용에 대한 자세한 영상은 QR코드를 통해 볼 수 있습니다.

셋째, 식물의 전체적인 모양과 크기(수고와 수폭), 잎, 꽃, 열매의 색에 따라 가장 잘 어울리는 화기와의 매칭이다. 식물에 비해 화분이 너무 크면 부실해 보일 수 있고, 낮은 화분에 키가 너무 큰 식물을 심으면(높은 화분에 너무 낮은 키의 식물을 심는 반대의 경우도 마찬가지) 안정적이지 않다. 화분이 너무 화려하면 식물이 돋보이지 않을 수 있고, 공처럼 둥근 입체형 화분에는 잎이 적고 단조로운 식물보다는 풍성한 수형의 식물이 어울린다.

이외에도 각 식물이 가진 고유의 특성과 분위기를 고려하여 장점이 부각되면서도 가장 잘 어울리는 화기를 선택한다. 마지막으로 고사리, 이끼, 콩짜개 등과 같은 착생 식물을 이용하거나 가지 유목을 올려 마감할 경우 더 자연에 가깝게 연출이 가능하며 화산석, 에그스톤 등 돌의 질감에 따라 다양한 분위기를 낼 수 있다.

푸르다 YouTube - 식물 수형에 따라 예쁜 화분 고르기
해당 내용에 대한 자세한 영상은 QR코드를 통해 볼 수 있습니다.

푸르다랜드

사업에 있어서 가장 중요한 것은 목표를 설정하는 것과 성장 마인드를 갖는 것이다. 성장 마인드를 가진 사람은 도전을 받아들이고, 장애물에도 불구하고 끈기 있게 도전하며, 궁극적으로 목표를 달성할 가능성이 더 높기 때문이다.
푸르다의 궁극적인 목표는 푸르다랜드를 개설하는 것이다.

푸르다가 생각하는 푸르다랜드는 일반 소비자와 창업자가 만나는 공간으로, 식물 복합 문화 공간을 말한다. 식물원, 식물 카페, 음식점, 정원, 펜션이 모여있어 온 가족이 즐길 수 있는 식물 테마 파크를 만들어 식물을 좋아하는 사람들이 자유롭게 방문하고, 식물에 대한 관심이 덜한 사람도 방문하여 흥미를 느끼고 힐링할 수 있는 공간을 만들고자 한다.

또한 푸르다랜드에서는 식물에 대한 지식이 없어도 즐길 수 있고, 식물을 배우고 싶은 사람들을 위한 가드닝 수업을 통해 쉽게 식물을 접할 수 있게 하여 경험을 제공하고자 한다.

더 나아가 푸르다 측에서 가맹점을 대상으로 식물업을 하는데 있어서 발생할 수 있는 다양한 시행착오를 방지하는 차원에서 식물가게 창업을 위한 교육서비스, 컨설팅서비스 등을 진행하여 예비 창업자는 물론 식물 상인들을 위한 도매 유통 공간으로 자리매김하고자 하며, 푸르다와는 다른 색깔의 감각적인 업체들과 콜라보하여 함께 푸르다랜드를 활성화하는 것이 목표이다.

다신 없을 오늘, 아닌 내일

1인가구가 증가할수록 동물시장도 늘어나겠지만 식물시장도 성장할 것이다. 이제는 반려동물 시대일 뿐만 아니라, 반려식물 시대이기도 하다. 식물을 좋아하는 사람들은 점점 늘어나고 있는데 전문적으로 배울 곳이 아직은 충분하지 않다. 검색을 하더라도 반려동물처럼 정보가 방대하지 않다. 그렇다보니 식물을 키워보지 않은 사람들은 '나는 식물을 잘 죽인다', '소위 말해 똥손이다'라고 스스로를 표현하곤 한다. 그저 환경에 맞지 않고, 자신이 예쁘다고 생각하는 식물을 대충 물만 주면 크겠지 하고 생각하기 때문이다. 이런 모든 문제들을 '푸르다'에서는 유튜브, 블로그, 인스타그램, 마켓, 스토어 등 다양한 방면에서 해결해 줄 수 있다. 물론 현재 가지고 있는 정보들에 안주하지 않고, 미래를 예측하며 앞으로 나아가야 한다고 생각한다. 소비자들이 좀 더 확실하고 폭넓게 정보를 얻을 수 있도록 '푸르다'에서도 끊임없이 노력할 것이다. 현재 우리나라 식물시장의 현주소는 동남아나 유럽에 훨씬 못 미치고 있으나 외국에만 의존할 수 없다고 판단하여 '푸르다'에서 먼저 국내 식물시장을 선진화시키기 위해 선두주자로 나서고 있다고 말하고 싶다. 단순한 소비 시장이 아닌, 식물의 다양성과 특징 그리고 식물의 집이라고 볼 수 있는 화분까지 전문적인 답을 내놓을 수 있는 국내 최대 시장으로 성장하는 모습을 지켜봐주길 바란다.